JN302769

A New Approach to English Communication

Musashino Art University Press

本書の使用にあたって

　本書はコミュニケーション能力を培うために基礎的な作文に重点を置き、その上で会話力の向上を図ることを目的としたテキストです。

　本書は二部構成で、特徴は次の通りです。

　Part One は基礎的な作文能力を育成するためのものです。英語の文章は主語と動詞を決めると、次にくる語句が限定されてきます。動詞の後にどのような語句を用いるのかがわからないと、文は作れません。その点に着目して、動詞の後にどのような性質の語句がくるのかを、いくつかのパターンに分けて解説をしています。かなり細かく分類することも可能ですが、学習的観点から19通りにしました。その情報は話す場合にも、書く場合にも、必要不可欠なものであり、それらを使えるようになると文章が作れるようになると思います。

　各パターンはそれぞれ2ページの構成になっています。左側のページには、タイトルとしてパターンの基本的な文が示され、次にパターンの文を用いた英問英答の Example、要点、解説などの説明がなされています。[要点] ❶ にはそのパターンを構成する要素、[要点] ❷ にそのパターンの動詞の例が示されています。巻末にはそのほかたくさんの動詞が掲載されています。練習用に利用してください。右側のページには、左側のページで使われた英文の訳が載せてあります。その意図は右側のページの訳文を見て、自分で英作文をするときに、利用できるようにと考えられたものです。少なくともタイトルの文と Example は暗唱することが望ましい。また、練習問題は巻末にある Answer Key and Comments（解答例と解説）を参照してください。

　Part Two は Part One で学んだことを応用して、会話の練習に役立つように考えられたものです。実際の会話でよく使われる表現のほかに、会話に必要なさまざまな情報もできるだけ加えてあります。また、Part One で習得した文が反復学習のために、実際の文脈の中に使われています。なお Part Two の英文の文末に付した数字は、パターンの番号を示している。

　主要な登場人物は武蔵野美術大学の学生である健と里香、フィンランドからの留学生のタイカ、そしてタイカの兄サミの4人です。

　自習用に Part Two を収録した CD をつけてあります。発音練習は何度も繰り返すことが大切ですから、大いに利用してください。

Remember, practice makes perfect. Enjoy studying English!

武蔵野美術大学外国語研究室
英語担当者一同

Contents

本書の使用にあたって

Part One   Sentence Patterns

Pattern 1	She teaches at a high school.	6
Pattern 2	That is a masterpiece!	8
Pattern 3	That sounds wonderful!	10
Pattern 4	My friends and I usually eat bread for breakfast.	12
Pattern 5	I want to visit a museum.	14
Pattern 6	Please stop ordering any more food!	16
Pattern 7	I believe that the drug store closes at 8 p.m.	18
Pattern 8	I wonder how long the flight from Helsinki to Tokyo is.	20
Pattern 9	They know how to get to the hotel.	22
Pattern 10	Please pass me the sugar.	24
Pattern 11	Could you show me where the Narita Express counter is?	26
Pattern 12	Will you tell Prof. Endo that I will be late for class tomorrow?	28
Pattern 13	One of my friends taught me how to use the subway.	30
Pattern 14	Please leave the door open.	32
Pattern 15	You should make her have some soup at least.	34
Pattern 16	Why don't you ask her to come over?	36
Pattern 17	He saw a man running down the street.	38
Pattern 18	Mrs. Tanaka had her purse stolen.	40
Pattern 19	My friends and I call it "Shanghai Palace."	42

Part Two   Conversation Practice

Chapter 1	Making New Friends	46
Chapter 2	Talking about Families	50
Chapter 3	Making Plans	54
Chapter 4	Arriving in Tokyo	58
Chapter 5	Eating at a Restaurant	62
Chapter 6	Feeling Sick	66
Chapter 7	Giving Directions	70
Chapter 8	Talking about Future Plans	74

Answer Key and Comments ... 78
List of Verbs ... 89

Part One Sentence Patterns

Pattern 1

She teaches at a high school.

> **Example**
> A: What does your mother do at Musabi?
> B: **She teaches**.

[要点]

❶ パターン
「主語＋動詞」

❷ 動詞
teach 教える、rise 昇る、walk 歩く、come 来る、grow 育つ、smile 笑う、work 働く、など。

[解説1]

　このパターンの文では、動詞は単独で用いられ、その後に文を成り立たせる要素としての形容詞や(代)名詞を伴うことはない。このような動詞を完全自動詞という。ただし、文の要素以外の修飾語(句)を伴うことがある。

(1) Tea grows *in India, China and Japan.*

(2) He walks *fast for his age.*

(3) She smiled *for the camera.*

(4) The sun rises *in the east.*

　上の各文の斜体字の部分は副詞(句)である。それぞれgrows, walks, smiled, risesという動詞を修飾していることから、修飾語(句)と呼ばれている。しかし修飾語(句)は主語や動詞などと異なり、文を成り立たせる要素ではない。このことは、(1) Tea grows. (2) He walks. (3) She smiled. (4) The sun rises. がそれぞれ文として成立することからもわかる。なお、[要点]❶の「　」内には、文の構成要素のみが示されていて、修飾語(句)は載せていない。

[解説2]

　次に示すように、同じパターンの文において、動詞は必要に応じて、「助動詞＋原形」、「have＋過去分詞」、「be＋〜ing」などの形を取ることがある。

(5) We *must work* Monday to Friday.

(6) He *will leave* for Los Angeles on Wednesday.

(7) Spring *has come*.

(8) He *was walking* along the street.

彼女は高校で教えている。

> A: あなたのお母さんはムサビで何をなさっていますか。
> B: 彼女は教えています。

[解説]

(1) お茶はインド、中国、日本で育つ。

(2) 彼は年の割には速く歩く。

(3) 彼女はカメラに向かってほほえんだ。

(4) 太陽は東から昇る。

(5) 私たちは月曜日から金曜日まで働かなければならない。

(6) 彼は水曜日にロスアンゼルスに向けて発つでしょう。

(7) 春がきた。

(8) 彼は通りを歩いていた。

[練習問題]

A. 次の文の(　)の中に、下に与えられている動詞を入れて文を完成させなさい。また、それぞれの文を和訳しなさい。

(1) This book (　　　　) very well.

(2) He (　　　　) like a fish.

(3) The river (　　　　) from north to south.

(4) The earth (　　　　) round the sun.

　　　　[drinks, flows, goes, sells]

B. 次の文を英語に直しなさい。

(1) 子供たちが庭で遊んでいる。

(2) 昨日百人の若者が集まった。

(3) お年寄りの中にはあまり話をしない人もいる。

(4) 秋にその木の葉はすべて落ちる。

一口メモ

> このパターンを用いて、天候を表現することがある。その場合には、it を主語にして文が作られる。
>
>   (a) It rained yesterday.　昨日雨が降った。
>   (b) It snowed yesterday.　昨日雪が降った。

Pattern 2

That is a masterpiece!

> **Example**
> A: Did you see his landscape painting?
> B: Yes, I saw it in his room the other day. **That is a masterpiece.**

[要点]

❶ パターン
「主語＋be動詞＋(代)名詞／形容詞など」

❷ 動詞
be動詞のみで、日本語の「～である／～だ／～です」にあたる。

[解説1]

このパターンの文のbe動詞は自らは具体的な意味は持たず、主語とその後に続く語句を結合し、文の形式をととのえる機能を果たすにとどまっている。日本語の「～である（だ、です）」に相当する。

(1) He is *a famous sculptor* in Japan.
(2) "Who is it?"—"It's *me*."
(3) These children are *very hungry*.

上の文でbe動詞の後に続くのは、(1)名詞、(2)代名詞、(3)形容詞である。なお、(1)のa famous sculptorの場合には、sculptor（名詞）に二つの修飾語、aとfamousが付き、(3)ではhungry（形容詞）にveryという修飾語が付いている。しかし、修飾語は文を成り立たせる要素ではないので、[要点]❶の構成要素の中には入れていない。どのパターンの場合も中心となる語だけで表示してある。

a masterpieceについても同様である。

[解説2]

次の(4)～(9)のように、このパターンの文では、be動詞の後には、(4) 前置詞句、(5) 疑問詞＋to-不定詞、(6) to-不定詞、(7) ～ing、(8) that-節、(9) wh-節などがくることもある。

(4) He is *in good health*.
(5) The point is *what to do*.
(6) The difficulty is *to know what to do*.
(7) The problem is *finding a good answer*.
(8) The trouble with you is *that you talk too much*.
(9) The point is *when he will start*.

あれは傑作だ。

> A: 彼の風景画を見ましたか。
> B: はい、先日彼の部屋で見ました。あれは傑作です。

[解説]

(1) 彼は日本で有名な彫刻家です。

(2) 「どなたですか。」「私です。」

(3) この子たちはたいへん腹をすかしている。

(4) 彼は健康です。

(5) 要は何をなすべきかだ。

(6) 難しいのは何をなすべきかを知ることです。

(7) 問題はよい答を見つけることです。

(8) 君について困るのは君がしゃべりすぎることです。

(9) 要は彼がいつ出発するかだ。

[練習問題]

A. 次の文の( )内にbe動詞を補って、文を完成させなさい。

(1) He ( ) kind and gentle to me when I first met him.

(2) The meal must ( ) ready by now.

(3) Short skirts ( ) in fashion then.

B. 次の文を和訳しなさい。

(1) The problem is what to do.

(2) The truth is that he didn't want to visit her.

(3) The trouble is that I'll have to pay this bill by Tuesday.

C. 次の文を英語に直しなさい。

(1) 彼は画家です。

(2) 一月は一番目の月です。

(3) 困るのは彼に十分な時間がないことです。

(4) 要はそれをどうやってするかだ。

一口メモ

"Who is it?"—"It's *me*."のように、口語体ではIt's *me*.がふつうで、It is *I*. は改まった言い方である。

Pattern 3

That sounds wonderful!

> **Example**
> A: Won't you go to the concert with me tomorrow?
> B: **That sounds wonderful!**

[要点]

❶ パターン
　「主語＋動詞＋名詞／形容詞」

❷ 動詞
　sound～に聞こえる／に思われる、look～に見える、remain～のままである、seem～に見える／～と思われる、smell～のにおいがする、become～になる、get～になる、など。

[解説1]

　このパターンの文は、「主語＋動詞」の後に名詞または形容詞が不可欠である。動詞の後にくる名詞や形容詞は主語の状態、属性などを表している。動詞は単独では用いられず、この名詞または形容詞がなければならないので、このパターンの動詞は不完全自動詞と呼ばれている。上のタイトル文を忠実に訳すと、「それはすばらしいと思われます。」となる。

　このパターンの動詞には後に名詞も形容詞もいずれも可能なものと、形容詞しかとれないものとがある。たとえば、

(1) He became *an actor*.

(2) She became *very famous*.

become は名詞も形容詞もとれるが、smell は形容詞しかとれない。

(3) These roses smell *good*.

[解説2：名詞を使用したい場合]

　(3)の smell のように、動詞の後に名詞を直接とれないものは、like～、of～を用いて名詞を続けることがある。また seem のように、名詞をとったり、like～、to be～ という言い方が可能なものもある。たとえば、それらは次のように用いられる。

(4)(a) These roses smell *like* perfume.
　　(b) My hands smell *of* fish.
(5)(a) She seems an honest woman.
　　(b) She seems *like* an honest woman.
　　(c) She seems *to be* an honest woman.

それはすばらしいですね。

> A: 明日私といっしょにコンサートに行きませんか。
> B: それはすばらしいですね。

[解説]

(1) 彼は役者になった。
(2) 彼女はとても有名になった。
(3) これらのバラはいいにおいがする。
(4) (a) これらのバラは香水のようなにおいがする。
　　(b) 私の手は魚のにおいがする。
(5) (a)(b)(c) 彼女は正直な人のようだ。

[練習問題]

A. 次の英文の空所に、与えられている形容詞を入れて文を完成させなさい。ただし、同じ語を二度使うことはできない。

(1) She felt very (　　　　) to hear the news.
(2) You look (　　　　).
(3) She seems (　　　　) for her age.
(4) It is getting (　　　　).
(5) The child remained (　　　　).

　[dark, happy, pale, silent, young]

B. (　) の中の動詞を用いて、次の文を英語に直しなさい。

(1) そのケーキはおいしい。(taste)
(2) 私は寒く感じた。(feel)
(3) 彼は年とって見えた。(look)
(4) それはとても自然に思われた。(seem)

一口メモ

> 英語では主語が省略されることはあまりないが、
> 　(a) That sounds great.　それはいいですね。
> このようなsoundを含む文は、よく主語を省略して用いる。
> 　(b) Sounds great.
> 名詞がくる場合には、[解説2] の例と同様である。
> 　(c) That sounds like a good idea. それは名案のようですね。

Pattern 4

My friends and I usually eat bread for breakfast.

> **Example**
> A: What do you eat for breakfast?
> B: **I usually eat bread.**

［要点］

❶ パターン
「主語＋動詞＋(代)名詞」

❷ 動詞
break 壊す、eat 食べる、read 読む、open 開く、use 使う、write 書く、など。

［解説１］

上の文で、名詞 bread は動詞 eat の表す行為・動作を受けている。このように「動詞＋(代)名詞」の形式で、動詞の表す行為・動作を受ける(代)名詞を目的語という。また、目的語をとるこのような動詞を他動詞といい、目的語をとらない動詞は、自動詞という。

日本語では目的語は(代)名詞に「を」をつけて、「～を」と表すが、英語では「他動詞＋(代)名詞」の語順で(代)名詞が目的語であることを示す。人称代名詞の場合には、語順のほかに、たとえば、(3)の me のように目的格を用いてそのことを示さなければならない。

(1) We usually use *chopsticks* in Japan.
(2) She read *the letter* in her room.
(3) He hit *me* on the head.

パターン３の「主語＋動詞＋名詞」とパターン４は構成要素は同じように見えるが、パターン３の動詞は不完全自動詞であり、パターン４の動詞は他動詞である。パターンの違いに注意。

［解説２：受け身］

このパターンの文は、多くの場合、受け身文に転換することが可能である。その時は、次のように目的語が文頭に出て主語となり、動詞は「be＋過去分詞」の形をとる。

(4)(a) Somebody broke all the doors.
　　(b) All the doors *were broken* (by somebody). （受け身）

［解説３：自動詞としての用法］

このパターンで用いられる多くの動詞は、目的語を伴わずに、自動詞としても用いられる。その時はパターン１の文となる。

(5)(a) "What are you doing?"—"I'm *studying*." （パターン１）
　　(b) "What subject are you studying?"—"I'm *studying* English." （パターン４）

友達も私も朝食にたいていパンを食べる。

> A: 朝食には何を食べますか。
> B: 私はたいていパンを食べます。

[解説]

(1) 日本ではたいてい箸を使います。
(2) 彼女は自分の部屋でその手紙を読んだ。
(3) 彼は私の頭を叩いた。
(4) (a) 何者かがすべてのドアを壊した。
　　(b) すべてのドアは（何者かによって）壊された。
(5) (a)「何しているの？」——「勉強をしているところです。」
　　(b)「何を勉強していますか？」——「英語を勉強しています。」

[練習問題]

A. 次の日本語と同じ意味になるように、与えられた単語を用いて、英文を作りなさい。

(1) 彼が私の眼鏡を壊した。　　　　　(broke, he, my, glasses).
(2) 昼食を食べましたか。　　　　　　(lunch, did, you, eat)?
(3) 彼はあのドアを開けました。　　　(opened, he, that, door).
(4) このペンを使ってもいいですか。　(pen, may, this, I, use)?

B. 次の文を英語に直しなさい。

(1) 彼は私を信じている。
(2) 私の母はしばしば手紙を書きます。
(3) 私は子供の時この机を使いました。
(4) 彼はその本を高校時代に読みました。

一口メモ

他動詞は目的語として、いろいろのものをとることができるのがふつうであるが、他動詞の interest 興味を持たせる、frighten 怖がらせる、surprise 驚かす、などは目的語を生き物に限るのがふつうである。たとえば、

　　(a) The book interested me.　　　　　その本は私に関心を抱かせた。
　　(b) The sound frightened our dog.　　その音は我が家の犬を怖がらせた。

これらの動詞は、自動詞としては用いられず、語尾に -ed をつけて「be ＋〜-ed」の形で自動詞的な意味を表す。

　　(c) I was interested in the book.　　　私はその本に関心を抱いた。
　　(d) Our dog was frightened by the sound.　我が家の犬はその音を怖がった。

Pattern 5

I want to visit a museum.

> **Example**
> A: What are you going to do in New York?
> B: First of all, **I want to visit the Museum of Modern Art**.

［要点］

❶ パターン
　「主語＋動詞＋to-不定詞」

❷ 動詞
　want 欲する、decide 決める、forget 忘れる、learn 〜するようになる／〜できるようになる、like 〜するのを好む、pretend ふりをする、remember 忘れずに〜する、など。

［解説1］

　このパターンの文は動詞が目的語としてto-不定詞をとる文である。wantの後に続くto visit「訪問すること」はto-不定詞の名詞的用法で、a museumを伴ってto visit a museum「美術館を訪問すること」とひとまとまりの語句になってwantの目的語となっている。

(1) He forgot *to post the letter* on his way to the station.
(2) At last she learned *to ride a bicycle*.

［解説2：to-不定詞以外の目的語］

　このパターンで用いられる動詞の中にはdecide, pretendなどのように、目的語としてto-不定詞だけでなく、that-節を伴うことがある。共に表す意味は同じである。ただし、that-節の場合にはその文はパターン7の文になる。パターン7を参照。

(3) He decided *to go to art school*./ He decided *that he would go to art school*.
(4) She pretended *to be ill*./ She pretended *that she was ill*.

rememberという動詞は後にto-不定詞の他に〜ing, that-節がくる。(a)と(b)(c)では意味が異なるので注意。

(5)(a) I remembered *to post your letter*.
　 (b) I remember *posting* (or *having posted*) *your letter*.
　 (c) I remember *that I posted your letter*.

rememberの意味は、(a)「忘れずに〜する」、(b)(c)「(〜したのを)覚えている」である。なお、〜ingは完了形となることもある。(b)についてはパターン6を、(c)はパターン7を参照。

私は美術館へ行きたい。

> A: ニューヨークで何をするつもりですか。
> B: まず、近代美術館へ行きたいと思います。

[解説]

(1) 彼は駅へ行く途中で手紙をポストに入れることを忘れた。

(2) やっと彼女は自転車に乗れるようになった。

(3) 彼は美術学校に行く決心をした。

(4) 彼女は病気のふりをした。

(5) (a) 私は忘れずにあなたの手紙を投函しました。

　　(b) (c)私はあなたの手紙を投函したことを覚えています。

[練習問題]

A. 下から最も適当なものを1語ずつ選んで（　　）内に入れて、文を完成させなさい。

(1) I (　　　) to read in bed, but I don't (　　　) to have meals in bed.

(2) Don't be angry. You must (　　　) to be more patient.

(3) Don't (　　　) to take off your hat when you enter the cathedral.

　　　[learn, forget, like]

B. 斜体字の部分に注意して、各組(a)(b)の文を比較しなさい。

(1) (a) She decided *to say no*.

　　(b) She decided *that she would say no*.

(2) (a) She pretended *not to know me*.

　　(b) She pretended *that she didn't know me*.

C. 次の文を英語に直しなさい。

(1) 彼は明日ピクニックに参加することに決めた。

(2) 彼女はグラフィック・デザイナーになりたかった。

一口メモ

> 「私は～したい」はI want to～とI'd like to～の二つの言い方がある。I want to～では、自分の願いをぶしつけに言う感じで、相手に失礼かなと思うときはI'd like to go with you. のようにI'd like to～を使うとよい。

Pattern 6

Please stop ordering any more food!

> **Example**
> A: Would you like some dessert?
> B: **Please stop ordering any more food!** I'm full.

[要点]

❶ パターン
「主語＋動詞＋〜ing」

❷ 動詞
enjoy 楽しむ、mind 気にする、stop やめる、prefer 好む、begin 始める、start 始める、など。

[解説1]

　動詞の目的語としてパターン5の文は、動詞の後に「to-不定詞」をとるが、このパターンは動詞の後に「〜ing」をとる。パターン5の場合も、パターン6の場合も続けて二つの動詞を用いることによって、二つの行動・動作などを同時に伝えることができる。上の例で考えてみると、stop「やめる」と、order「注文する」という二つ分の動詞の意味を合わせた内容を人に伝えることができるのである。

(1) I prefer *going* by train to *going* by plane.
(2) He started *working* this April.

[解説2：まぎらわしいto-不定詞]

　このパターンの動詞で、begin, prefer, start などはその目的語として to-不定詞も〜ing もとれる。表す意味はほぼ同じである。

(3) The baby began *to cry*. （パターン5）
(4) Nancy began *dancing*. （パターン6）

しかしそれとは反対に、〜ingをとる文とto-不定詞をとる文では意味が異なるものもある。

(5) We stopped *talking*.
(6) He stopped *to smoke*.

(5)は「話すのをやめる」のに対して、(6)は「タバコを吸うために立ち止まる」という意味である。また、(6)はパターン1の文で、to smokeは目的語ではなく副詞的に機能している。この点において、remember doing と remember to do の違いとも少し異なることに注意しよう。パターン5を参照。

もうこれ以上食べ物を注文するのはどうぞやめてください。

> A: 何かデザートはいかがですか。
> B: もうこれ以上食べ物を注文するのはどうぞやめてくだい。私は満腹です。

〔解説〕

(1) 私は飛行機で行くより電車で行くほうが好きだ。
(2) 彼はこの四月から働き始めた。
(3) 赤ん坊が泣き始めた。
(4) ナンシーが踊り始めた。
(5) 私たちは話すのをやめた。
(6) 彼はタバコを吸うために立ち止まった。

〔練習問題〕

A. 次の(　)の中に to study, studying のどちらかを入れなさい。
(1) You should stop (　　　) now; it's time for dinner.
(2) I plan (　　　) everything again after I finish this course.
(3) Can you finish (　　　) before our guests arrive?
(4) Did you enjoy (　　　) English while you were staying in the U.S.A.?

B. (　)の中の二つの動詞を用いて、次の文を英語に直しなさい。
(1) 子供たちは海水浴を楽しんだ。　　　　(enjoy, swim)
(2) 午後に雨が止んだ。　　　　　　　　　(stop, rain)
(3) 夕食後彼はピアノを弾き始めた。　　　(begin, play)
(4) 私は余暇に本を読むのが好きだ。　　　(like, read)
(5) 手伝っていただいてもかまいませんか。(mind, help)

一口メモ

> 次の文には意味の違いがある。用いるときに、注意しよう。
>   (a) Do you like *driving*?
>   (b) Would you like *to drive*?
> (a)は「日頃、車の運転が好きですか」の意味であるのに対して、(b)は「今、車を運転したいですか」の意味である。

Pattern 7

I believe that the drug store closes at 8 p.m.

> **Example**
> A: What time does the drug store close?
> B: **I believe that it closes at 8 p.m.**
> A: It is already 7:30. We'd better hurry.

[要点]

❶ パターン
「主語＋動詞＋that-節」

❷ 動詞
believe 信じる／思う、decide 決める／決心する、explain 説明する、imagine 想像する／思う、know 知る／知っている、say 言う、など。

[解説1]

「主語＋動詞」の後に「that-節」が続くパターンの文である。この「that-節」は名詞節で、前の動詞の目的語として機能している。「～であること／～すること」という意味を表す。

(1) I believe *that he is honest*.
(2) I have decided *that I will go to Osaka*.
(3) She explained *that she couldn't attend the meeting*.
(4) Imagine *that you are a famous artist*.
(5) I know *that he is a singer*.

口語体やくだけた表現では、このthatはthink, believe, knowなどのよく使用される動詞の後では省略されることがある。

[解説2：相手を表示したいとき]

このパターンの動詞はthat-節だけを目的語としてとり、伝える相手を文の中で目的語として示すことはできない。

(6) She said *that she would be late*.

という文に、saidの目的語として伝える相手を表して、* She said me that ～とは言わない（*印は文法的に誤った文を示す）。しかし、その相手を表示したい場合には、saidに対する副詞句として前置詞句で表現することは可能である。

(7) She said <u>to me</u> *that she would be late*.

このような用法をもつ動詞に、explain 説明する、complain 不平や文句を言う、suggest 提案する、などがある。パターン12を参照。

ドラッグストアは午後8時に閉まると思います。

> A: ドラッグストアは何時に閉店なの？
> B: 午後8時に閉店すると思うよ。
> A: もう7時30分だわ。急がなきゃ。

[解説]

(1) 私は彼が正直であると信じている。
(2) 私は大阪に行くと決めた。
(3) 彼女は会合に出席できないことを説明した。
(4) あなたが有名な芸術家であると想像してください。
(5) 私は彼が歌手であるということを知っている。
(6) 彼女は遅れるだろうと言った。
(7) 彼女は私に遅れるだろうと言った。

[練習問題]

A. 次の日本語と同じ意味になるように、（　）の中に与えられた単語を並べかえて英文を完成させなさい。

(1) 私は彼が勝つと信じます。
　　I believe (win, will, he, that).

(2) 私たちは会合を延期することに決めた。
　　We decided (the, that, we, postpone, would, meeting).

(3) 空を飛んでいると想像してください。
　　Please imagine (are, flying, that, you) in the sky.

B. 次の日本語を英語に直しなさい。

(1) 彼がパーティに来るなんて信じられない。
(2) あなたは彼が私を助けてくれたことを知っていますか。
(3) あなたがアメリカへ行くなんて想像もできません。
(4) 私は本を書いているところだと説明した。

一口メモ

> このパターンの動詞 believe, know などは状態を表しているので、進行形では用いられない。すなわち、*I am believing ～/ *I am knowing ～とは言えないことに注意。

Pattern 8

I wonder how long the flight from Helsinki to Tokyo is.

> **Example**
> A: **I wonder how long the flight from Tokyo to New York is.**
> B: Twelve and a half hours.
>   There is a fourteen-hour difference in time between Tokyo and New York. So if you start at 10:00 a.m., you'll arrive in New York at 8:30 a.m. the same day.

[要点]

❶ パターン
「主語＋動詞＋ wh-節 / if-節 / whether-節」

❷ 動詞
wonder ～かしらと思う、explain 説明する、know 知っている、see わかる、など。

[解説]

このパターンの文において、動詞の後にくるwh-節とは、what, who, which, when, where, why, howなどのwh-wordで始まる節を指し、if-節 / whether-節とは、ifまたはwhetherで始まる節を指す。それらの節は文の一部となっていて、疑問の意味を持ってはいるが、語順は疑問文の語順ではない。そのことは次の各組の(a)(b)を較べてみるとよくわかる。

(1)(a) How long is the flight to New York?
　　(b) I wonder *how long the flight to New York is*.
(2)(a) Is he a doctor?
　　(b) I wonder *if* (or *whether*) *he is a doctor*.

(1)の(a)(b)は内容的にはほぼ同じ意味の文であるが、形式的には異なる。(a)は疑問文で、そのために動詞(is)は主語 (the flight to New York) の前にある。(b)は平叙文で、(a)の疑問文がhow-節となって、それがwonderの目的語となっている文である。how-節の中では疑問文の語順ではなく、平叙文の語順となる。(2)の(a)(b)についても(1)と同様である。ただし、(2)の(b)の場合には、(a)の疑問文がifまたはwhether「～であるかどうかを」で導かれている点において異なる。(1)(b)のhow-節や(2)(b)のif-節 はそれぞれの(a)の疑問文に対して「間接疑問」と呼ばれている。

疑問文を間接疑問にするときに、疑問詞のない疑問文の場合は、ifまたはwhetherを用いてif-節、whether-節にし、疑問詞のある疑問文の場合は、その疑問詞をそのまま用いてwh-節にする。

ヘルシンキから東京までの便は何時間かかるのかしら。

> A: 東京からニューヨークへの便は何時間かかるのかしら。
> B: 12時間30分です。
> 　東京、ニューヨーク間は時差が14時間です。それで朝の10時に出発すれば、その日の朝8時半にニューヨークに到着します。

［解説］

(1)(a) ニューヨークへの便は何時間かかりますか。
　　(b) ニューヨークへの便は何時間かかるのかしら。
(2)(a) 彼は医者ですか。
　　(b) 彼は医者なのかしら。

［練習問題］

A. 次の文を I wonder ～ で始まる文に書き換えなさい。

(1) Does he like Chinese food?

(2) Where is she now?

(3) Why was he late?

B. 次の文を和訳しなさい。

(1) Do you know when the meeting will begin?

(2) Can you explain what this word means?

(3) We'll soon see how he reacts to this.

C. 次の文を英語に直しなさい。

(1) 彼はいま何をしているのだろうか。

(2) 私は彼がどこにいるのか知りません。

(3) 東京から博多への新幹線は何時間かかるかしら。

一口メモ

> 会話では、I wonder は疑問文の文末に付加されて、次のように挿入的に軽快な感じで用いられることもある。
> 　　Will it snow tonight, *I wonder*?
> この文を I wonder if (*or* whether) it will snow tonight. と較べると、I wonder が文頭にくるときはその文は平叙文でその疑問文の部分が間接疑問文になっていることに注意。二つの文の意味は同じである。

Pattern 9

They know how to get to the hotel.

> **Example**
> A: **I don't know how to get to the hotel.**
> B: I hope he knows how to get there.
> A: I hope so, too.

[要点]

❶ パターン
　「主語＋動詞＋疑問詞＋to-不定詞」

❷ 動詞
　ask 尋ねる、decide 決心する、explain 説明する、forget 忘れる、imagine 想像する、learn 学ぶ、know 知る、remember 覚えている、understand 理解する、wonder と思う、など。

[解説1]

　このパターンの文は動詞の後に「疑問詞＋to-不定詞」がくる文である。「疑問詞＋to-不定詞」の部分が全体としてすぐ前の動詞の目的語として機能している。このパターンに用いられる疑問詞とは、パターン8のwhat, who, which, where, when, howと同じであるが、whyはふつう使えない。そのかわりに「the reason ＋ to-不定詞 / the reason ＋ for ～ing」を用いる。また、ifは使用不可であるが、whetherは使用可。

　(1) I don't know *how to get to the hotel*.

(1)において、斜体字の部分が全体としては、knowの目的語として機能し、「そのホテルへの行き方を／そのホテルへどのようにして行くのかを」の意味である。

　(2) She hasn't decided *what to do after graduation*.
　(3) I wonder *when to go to Osaka next*.
　(4) He explained *where to leave the key*.
　(5) I don't know *whether to answer her letter*.

[解説2：wh-節]

　上の(1)～(5)はそれぞれ次のようにwh-節に書き換えると、パターン8になる。

　(1) I don't know *how I can get to the hotel*.
　(2) She hasn't decided *what she will* (or *should*) *do after graduation*.
　(3) I wonder *when I will* (or *should*) *go to Osaka next*.
　(4) He explained *where I should leave the key*.
　(5) I don't know *whether I should answer her letter*.

彼らはそのホテルへの行き方を知っている。

> A: そのホテルへの行き方がわからないのです。
> B: そこへの行き方を彼が知っているといいのですが。
> A: 私もそう思います。

[解説]

(1) 私はそのホテルへの行き方がわからない。

(2) 卒業後何をするか彼女は決めていない。

(3) 次回大阪へいつ行ったらいいかしら。

(4) 彼はどこに鍵をおいておいたらよいか説明した。

(5) 彼女の手紙に返事を書くべきかどうかわからない。

=====[練習問題]=====

A. パターン9の文になるように、次の語句を並べかえなさい。

(1) what, decide, can't, to, he, do

(2) know, make, they, how, don't, box, the, to

(3) where, to, dinner, I, eat, know, don't

(4) write, call, or, whether, wonder, I, to

B. 次の文を英語に直しなさい。

(1) 彼女は何時に家を出るべきかわからなかった。

(2) 私はコンピューターの使い方を学んだ。

(3) 彼はその機械の始動の仕方がわからなかった。

(4) 私は今度の日曜日に何をしようかしら。

一口メモ

> say, speak, think, suppose, hearなどの動詞の後で、不要な反復を避けるために、肯定の場合にはthat-節の代わりにsoを用いることがある。たとえば、
> (a) I think so.   私はそう思います。
> (b) I hear so.   そう聞いています。
> しかし否定の場合には、notを用いる方法と、soを用いる方法の二通りの用法がある。どちらを用いるかは動詞によって多少異なる。たとえば、I hope not. と言うけれど、*I don't hope so. とは言わない。また、I don't think so. と言うけれど、I think not. とはあまり言わない。

Pattern 10

Please pass me the sugar.

> **Example**
> A: **Please pass me the ketchup.**
> B: Here you are.

[要点]

❶ パターン
　「主語＋動詞＋(代)名詞＋名詞」

❷ 動詞
　ask 尋ねる、buy 買う、give 与える、pass 渡す、teach 教える、など。

[解説1]

このパターンでは、動詞は二つの目的語、すなわち、「間接目的語＋直接目的語」をとる。ふつう間接目的語は人を表す(代)名詞で、日本語の「…に」に相当し、直接目的語は物を表す名詞で、日本語の「〜を」に相当する。

　(1) My father bought me a sketchbook.
　(2) I will give my sister a pen.
　(3) Mr. Tanaka teaches us art history.
　(4) May I ask you a favor?

[解説2：受け身]

このパターンの文は二つの目的語をとるので、二つの目的語をそれぞれ主語として、二つの受け身文に書き換えることができる。たとえば、(2)の文は次の(5)(a)(b)の文に書き換えられる。

　(5)(a) My sister will be given a pen (by me).
　　(b) A pen will be given (to) my sister (by me).

[解説3：もう一つの表現]

パターン10は、間接目的語を前置詞句にして、目的語を一つだけ持つパターン4に書き換え可能なものが多い。その場合、前置詞はその動詞による。たとえば、(1)〜(4)はそれぞれ次のようになる。

　(6) My father bought a sketchbook *for me*.
　(7) I will give a pen *to my sister*.
　(8) Mr. Tanaka teaches art history *to us*.
　(9) May I ask a favor *of you*?

お砂糖をとってください。

> A: ケチャップをとってください。
> B: はい、どうぞ。

[解説]

(1) 父は私にスケッチブックを買ってくれた。

(2) 妹にペンをあげよう。

(3) 田中先生は私たちに美術史を教えている。

(4) お願いがあるのですが。

=====[練習問題]=====

A. 次の日本語と同じ意味になるように、(　)の中に与えられた単語を並べかえて英文を完成させなさい。

(1) いくつか質問をしてもいいですか。

　　May I (you, some, questions, ask)?

(2) 私の母がこのセーターを買ってくれたのです。

　　My mother (me, this, sweater, bought).

(3) 彼が誕生日のお祝いに自転車をくれた。

　　He (me, bicycle, a, gave) for my birthday.

B. 次の文を英語に直しなさい。

(1) 私の叔父がこの万年筆を私に買ってくれたのです。

(2) 妹にその玩具をあげなさい。

(3) すみません。その消しゴムを私にまわしてください。

(4) 私があなたに中国語を教えてあげましょう。

一口メモ

二つの目的語のうち、直接目的語にあたるものが代名詞である場合には、このパターン10の文は使えない。

　(a) *I gave Tom it.

この場合、p.24の(7)のような言い方をする。つまり、前置詞を用いた表現の方になることに注意しよう。

　(b) I gave *it* to Tom.

また、この文の受け身は it を主語にした文だけである。

Pattern 11

Could you show me where the Narita Express counter is?

> **Example**
> A: Excuse me. **Could you show me where the post office is?**
> B: No problem. Go straight this way, and turn left at the first traffic light, and you'll see the post office two blocks ahead on the left side.

[要点]

❶ パターン
「主語＋動詞＋(代)名詞＋ wh-節 / if-節 / whether-節」

❷ 動詞
show(実地に)教える、ask 尋ねる、tell 知らせる、など。

[解説1]

　上のCould you show 〜? の文は疑問文である。本書では、文のパターンは、文の基本の型である平叙文で示している。上の文で、showはmeとwhere the post office isの二つの目的語を持っている。whereの節は、「どこに郵便局があるかということ」の意味で、名詞の機能を果たし、showの目的語、つまり、直接目的語となっている。

　このパターンの文のif-節、wh-節は、次の文に見られるように、すべて動詞の目的語であるから、名詞の機能を果たしている。そのため名詞節と呼ばれる。

(1) I asked her *when she would go to Paris*.

(2) I asked her *if* (or *whether*) *she would go to Paris again*.

(3) She asked me *why he was so angry*.

[解説2：話法]

(a)(b)を比較して、(b)がパターン11の文であることに注意。

(4)(a) She said to me, *"What is he doing?"*

　　(b) She asked me *what he was doing*.

(5)(a) She said to me, *"Are you an architect?"*

　　(b) She asked me *if* (or *whether*) *I was an architect*.

(4)(a)は人の言ったことばをそのまま"…"を用いて伝える言い方で、「直接話法」、(b)は、それを伝達している人のことばに言い換えているので「間接話法」の文という。意味は(a)(b)とも同じである。(5)についても同様。疑問詞のない疑問文は、ifまたはwhetherを用いて間接話法の文にする。

成田エクスプレスのカウンターはどこにあるのか教えていただきたいのですが。

> A: すみません。郵便局がどこにあるか教えてください。
> B: お安いご用です。この道をまっすぐ行って、最初の信号の所で左に曲がると郵便局が2ブロック先の左側にあります。

[解説]

(1) 私は彼女にいつパリへ行くのかと尋ねた。
(2) 私は彼女に再びパリへ行くのかと尋ねた。
(3) 彼女は私になぜ彼はそんなに怒っているのかと尋ねた。
(4) (a) 彼女は私に「彼は何をしているのですか」と言った。
　　(b) 彼女は私に彼は何をしているのかと尋ねた。
(5) (a) 彼女は私に「あなたは建築家ですか」と言った。
　　(b) 彼女は私に私が建築家かどうか尋ねた。

=====[練習問題]=====

A. 次の文を和訳しなさい。

(1) Would you tell me where the station is?
(2) He asked me why I was late.
(3) He showed me how he had done it.

B. 次の文を直接話法の文にしなさい。

(1) She asked me if she could use my pen.
(2) He asked her whether she was happy.

C. 次の文を英語に直しなさい。

(1) 彼女は私にスミス氏 (Mr. Smith) は在宅していますかと尋ねた。
(2) 彼が今どこで何をしているのか教えてください。
(3) テート・ギャラリー (the Tate Gallery) がどこか教えてくだい。
(4) 彼は私に彼女がニューヨークで何をしているのか尋ねた。

一口メモ

> Could you ～?「～していただけませんか」は Can you ～?「～できますか」より丁寧な言い方。Would you ～? も Will you ～? より丁寧な依頼の表現。

Pattern 12

Will you tell Prof. Endo that I will be late for class tomorrow?

> **Example**
> A: **Will you tell him that I will be late for class tomorrow?**
> B: OK, I will.

[要点]

❶ パターン
「主語＋動詞＋(代)名詞＋that-節」

❷ 動詞
advise 助言する、show 明らかにする／示す、teach 教える、tell 言う、telephone 電話をかける、など。

[解説1]

「主語＋動詞＋(代)名詞＋that-節」のパターンの文である。「(代)名詞」は「…に」を意味し、「that-節」は「～を」を意味する部分である。つまり、このパターンの文も二つの目的語、すなわち、間接目的語と直接目的語を持っている文である。次の英文を比較してその類似点と相違点を理解しよう。

(1) I gave him a book. （パターン10）
(2) The doctor advised me *that I should stay home.* （パターン12）

また、(2)は、間接的に話者が言ったことを伝える「間接話法」の文である。これを次の文のように、

(3) The doctor said to me, "You should stay home."

「直接話法」の文にして話者の気持ちを直接的に伝えることもできる。パターン11を参照。

[解説2：間接目的語をとれない動詞]

このパターンと違って、「…に」の部分を目的語としてとることができない動詞もある。そのタイプの動詞はパターン7で、that-節だけしか目的語としてとれない。しかし、その場合前置詞toを用いて「…に」を表すことができる動詞もある。たとえば、次のように。

(4) He explained *to me* that we couldn't buy a car.
(5) She suggested *to me* that I should choose a different shirt.

二つの目的語をとれるこのパターン12の動詞と、目的語を一つしかとれないパターン7の動詞とを混同しないように注意しなければならない。パターン7を参照。

私は明日授業に遅れると遠藤教授に伝えてください。

> A: 私は明日授業に遅れると彼に伝えてください。
> B: ええ、伝えておきます。

[解説]

(1) 私は彼に本をあげた。
(2) 医者は私に家に留まるべきだと助言した。
(3) 医者は私に「家にいた方がいいですよ。」と言った。
(4) 彼は私たちには車は買えないと私に説明した。
(5) 別のシャツを選んだ方がいいと彼女は私に言った。

=====[練習問題]=====

A. 次の日本語と同じ意味になるように、(　)の中に与えられた単語を並べかえて英文を完成させなさい。

(1) 母は私に野菜を食べるようにと勧めた。
　　My mother advised (should, eat, I, me, vegetables, that).
(2) 私はあなたにそれが難しいということを明らかにしてみせましょう。
　　I will show (difficult, you, is, that, it).
(3) 彼は私たちに平和は重要であると教えてくれた。
　　He taught (peace, us, that, is, important).

B. 次の文を英語に直しなさい。
(1) 私の母が私に読書は重要だということを教えた。
(2) 兄は私にすぐに行くように勧めた。
(3) 彼は私にテニスが好きだと言った。
(4) 友達に明日試験があると電話しなければならない。

一口メモ

このパターンの文を作る動詞で、相手を述べなくても使えるものがある。たとえば、promise, teach, warn などの動詞である。
　(a) I promised Mary that I'd be home at seven. (パターン12)
　(b) I promised that I'd be home at seven.　　(パターン7)
このようになると、(b)はパターン7と同じ文型になることに注意。

Pattern 13

One of my friends taught me how to use the subway.

> **Example**
> A: **Who taught you how to use the subway?**
> B: Takashi did. It was very easy. I could learn it in a minute.

[要点]

❶ パターン
  「主語＋動詞＋(代)名詞＋疑問詞＋to-不定詞」

❷ 動詞
  ask 尋ねる、show 示す／教える、teach 教える、tell 言う／教える、など。

[解説1]

動詞の後に、「(代)名詞＋疑問詞＋to-不定詞」がくるパターンの文で、「(代)名詞」と「疑問詞＋to-不定詞」はそれぞれ目的語として機能している。つまり、このパターンの文も二つの目的語をとるものである。たとえば、

(1) He told <u>me</u> *what to do*.
(2) She asked <u>him</u> *which to buy*.
(3) Could you show <u>me</u> *how to stop this machine?*

ただし、why to do の言い方はふつう用いられない。「疑問詞＋to-不定詞」の表現については、パターン9を参照。

[解説2：wh-節]

パターン9と同様に、このパターンの文は「疑問詞＋to-不定詞」の部分をwh-節に書き換えることができる。たとえば、(1)～(3)は、

(4) He told me *what I should do*.
(5) She asked him *which she should buy*.
(6) Could you show me *how I can stop this machine?*

のように書き換えられる。ただし、パターン11の文になる。

[解説3：受け身]

このパターンの動詞は、(代)名詞を主語にして受け身文にすることができる。たとえば、(7)は(8)になる。

(7) She advised me *who to meet*.
(8) I was advised *who to meet* (by her).

友達の一人が私に地下鉄の利用の仕方を教えてくれた。

> A: 誰があなたに地下鉄の利用の仕方を教えてくれたのですか。
> B: タカシさんです。とっても簡単で、すぐに覚えました。

[解説]

(1) 彼は私に何をすべきか教えてくれた。

(2) 彼女は彼にどっちを買ったらいいか聞いた。

(3) この機械を停止する仕方を教えてくださいませんか。

(7) 彼女は誰に会うべきか私に助言してくれた。

(8) 私は誰に会うべきか助言された。

=====[練習問題]=====

A. 次の(　)の中に与えられた単語を並べかえて、英文を完成させなさい。

(1) Can you (where, tell, to, sit , me)?

(2) He (use, me, asked, to, how) this tape recorder.

(3) I (my , asked, mother, when, supper, cook, to).

(4) She (what, me, to, on, showed, write) the paper.

B. 次の文を英語に直しなさい。

(1) 私に英語の読み方を教えてください。

(2) 母は私にデパートへの行き方を教えてくれた。

(3) 彼は私に何をすべきか尋ねた。

(4) 彼女は子供たちにクッキーの焼き方を示した。

一口メモ

> 疑問文には主に二つのタイプ、yes / no で答えることができる yes / no-question と、wh-word で始まる wh-question とがある。
>   (a) Have you read the article about Italy?... Yes, I have. / No, I haven't.
>   (b) What are you looking for?... I'm looking for my key.
> 疑問文は平叙文とは語順が異なるのがふつうであるが、主語に wh-word が使われると、平叙文と同じ語順になることに注意。
>   (c) *Who* got the Nobel prize for literature that year?... Yasunari Kawabata did.

Pattern 14

Please leave the door open.

> **Example**
> A: May I close the door?
> B: **Please leave the door open.** I am going to clean the room soon.

[要点]

❶ パターン
　「主語＋動詞＋(代)名詞＋形容詞」

❷ 動詞
　believe 信じる、consider 思う、cut 切る、find 気づく、get ～にする、hold ～に保つ、leave ～のままにしておく、make ～にする、paint 塗る、suppose 思う、wipe 拭く、など。

[解説1]

　このパターンの文は動詞の後に「(代)名詞＋形容詞」をとる文である。(代)名詞は動詞の目的語であり、形容詞はその目的語を何らかの意味で説明しているとともに、動詞の意味を補っている。このパターンでは、目的語を説明している形容詞がなければ、文は成立しない。上の例において、the door open の部分は、「ドアは開いている」という状態を表している。そしてその文全体の意味は、「ドアを開けたままにしておく」となる。

　また、このパターンは目的語をとるので、その目的語を主語として、The door is left open. というように受け身文が作られる。

(1) He held *the ladder steady*.
(2) The news made *her happy*.
(3) He painted *the door blue*.
(4) She wiped *the floor dry*.
(5)(a) He cut *my hair short*.
　　(b) She cut *the parcel open*.

[解説2：to be ～と that-節]

　このパターンで使われる動詞 belive, consider, find, suppose, think は、目的語と形容詞の間に、to be もとることができる。または、動詞の後に that-節をとることも可能である。いずれの場合も同じ意味を表す。

(6) I found the rumor (to be) true. / I found that the rumor was true.
(7) I thought him (to be) unkind. / I thought that he was unkind.

どうぞドアは開けたままにしておいてください。

> A: ドアを閉めてもいいですか。
> B: どうぞドアは開けたままにしておいてください。すぐに部屋を掃除しますから。

[解説]

(1) 彼は梯子をしっかりと押さえた。

(2) そのニュースは彼女を喜ばせた。

(3) 彼はドアを青く塗った。

(4) 彼女は床を拭いて乾かした。

(5) (a) 彼は私の髪を短く切った。
　　(b) 彼女は小包を切って開けた。

(6) その噂が本当であることがわかった。

(7) 私は彼を不親切だと思った。

[練習問題]

A. 次の文を和訳しなさい。

(1) (a) I believe him honest.
　　(b) I found him honest.

(2) (a) He got his shoes dirty.
　　(b) He left his shoes dirty.

(3) (a) He made the examination difficult.
　　(b) He considered the examination difficult.

B. 次の(　)の中の動詞を用いて、英語に直しなさい。

(1) 彼は本を開いたままにしておいた。(leave)

(2) 私はそのシャツがとてもすてきだと気づいた。(find)

(3) 彼女はその部屋を暖かくした。(make)

一口メモ

[解説2]で述べたように、I consider him honest. の文ではhimとhonestの間にto beが入ったり、considerの後にthat-節が続いたりして同じ意味を表すがcut, keep, leave, paint, remain, wipeなどの動詞にはこのような用法はない。

Pattern 15

You should make her have some soup at least.

> **Example**
> A: I've urged him to take breakfast, but he won't.
> B: **You should make him have some soup at least.**

[要点]

❶ パターン
「主語＋動詞＋(代)名詞＋動詞の原形」

❷ 動詞
make ～させる(強制)、let ～させておく(容認、放任)、feel 感じる、see 見る、hear 聞く、など。

[解説1]

上の文 You should make ～ の make は使役動詞で「～させる」の意味で用いられ、強制を表す。このパターンの文の中で使役動詞（make, let など）、知覚動詞（feel, hear, see など）と共に使われる動詞（上の文の have）は原形となる。ただし受け身では、to-不定詞となる。

(1)(a) They made me *repeat* the story.
   (b) I was made *to repeat* the story.　（受け身）
(2)(a) I saw an old woman *cross* the street.
   (b) An old woman was seen *to cross* the street.　（受け身）

[解説2：make と let の違い]

次の(a)(b)を比較し、使役動詞 make と let の違いに注意しなさい。

(3)(a) She *made* the children do their homework in the room.
   (b) She *let* the children play in the park.

make は「～させる(強制)」の意味であるのに対し、let は「～させておく(許容、放任)」の意味である。(a)の文では子供たちが宿題をする事を望んでいない、(b)では子供たちは遊びたがっているという違いがある。

[解説3：原形と～ing の違い]

知覚動詞と共に用いられる動詞の原形と～ing の違いに注意。

(4)(a) I have heard her *sing*.
   (b) I have heard her *singing*.

～ing の方は臨場感があり、「歌っている」ことをより描写的に表現しているが、最後まで聞いていたかは不明である。それに対して、(4)(a)の方は一部始終聞いていた感がある。パターン17を参照。

少なくともスープは彼女に飲ませたほうがよいでしょう。

> A: 私は彼に朝食を取るように勧めたのですが、彼はどうしても取ろうとしません。
> B: 少なくともスープは彼に飲ませたほうがよいでしょう。

[解説]

(1) (a) 彼らは私にその話を繰り返し言わせた。
    (b) 私はその話を繰り返し言わされた。
(2) (a) 私は一人の老婦人が通りを横断するのを見た。
    (b) 一人の老婦人が通りを横断するのが見られた。
(3) (a) 彼女は子供たちに部屋で宿題をやらせた。
    (b) 彼女は子供たちを公園で遊ばせておいた。
(4) (a) 私は彼女が歌うのを聞いたことがある。
    (b) 私は彼女が歌っているところを聞いたことがある。

[練習問題]

A. 次の文を和訳しなさい。

(1) You can't see people starve without trying to do something for them.
(2) Don't let the fire go out.
(3) I felt something crawl up my arm.
(4) I made the children stay indoors all day.

B. 次の文を英語に直しなさい。

(1) 彼は彼女がその建物に入るの見た。
(2) あなたはお子さんを行儀よくさせるほうがよいでしょう。
(3) 母はそのパーティーに私をぜったいに行かせてくれないのです。
(4) 階下で誰かが出ていくのが聞こえた。

一口メモ

should「～するのがよい」は控えめに意見をいう言い方で、must, ought to「～すべき」に較べると、より義務、必要の意は弱い。

    (a) You should go with her.
    (b) You must (*or* ought to) go with her.

Pattern 16

Why don't you ask her to come over?

> **Example**
> A: I am busy on Wednesday.
> B: **Why don't you ask them to come over on Friday?**
> A: That's a good idea.

[要点]

❶ パターン
「主語＋動詞＋(代)名詞＋to-不定詞」

❷ 動詞
advise 忠告する、ask 頼む、expect 期待する、order 命令する、teach 教える、tell 告げる、allow 許す、get〜させる、help 手伝う、want 欲する、など。

[解説1]

「主語＋動詞」の後に「(代)名詞＋to-不定詞」のパターンの文。この(代)名詞は目的語として機能しているので、「目的語＋to-不定詞」の文である。そして(代)名詞は目的語として機能していると同時に、不定詞の意味上の主語であることが多い。たとえば、

(1) I want *you to study* hard.
(2) I want to study English.

to study の意味上の主語は、(1)では目的語の you、(2)の場合は文の主語の I である。

(3) I told you *to be careful*.
(4) She asked me *to help her*.
(5) He advised me *to see a doctor*.

[解説2：話法]

このパターンの文は直接話法と関係が深い場合がある。たとえば、(4)、(5)は直接話法では次のようになる。

(6) She said to me, "Please help me."
(7) He said to me, "You should see a doctor."

また、to-不定詞の前に not を用いて、「〜しないように／〜しないことを」という否定の意味を表す。

(8) My mother always told me *not* to be late for school.
(9) My friend advised me *not* to worry.

これらの文も直接話法では、My mother always said to me, "Don't be late for school."／My friend said to me, "Don't worry."となる。(パターン11、12を参照)

彼女に来てもらってはいかがですか。

> A: 私は水曜日は忙しいのです。
> B: 彼らに金曜日に来てもらってはいかがですか。
> A: それはよい考えですね。

[解説]

(1) 私はあなたに一生懸命勉強してもらいたい。
(2) 私は英語の勉強がしたい。
(3) 私はあなたに気をつけなさいと言ったでしょう。
(4) 彼女は私に助けてくださいと頼んだ。
(5) 彼は私に医者に診てもらった方がいいと忠告した。
(8) 母はいつも遅刻しないようにと私に言った。
(9) 私の友だちは私に心配しないように忠告した。

[練習問題]

A. 次の ( ) の中の動詞を用いて、会話を間接的に示しなさい。

(1) "Would you explain?" he said to me. (ask)
(2) "Finish your homework," she said to her son. (want)
(3) "Don't enter the shop with your dog," they said to us. (allow)
(4) My father said to them, "Don't do such things." (tell)

B. 次の文を英語に直しなさい。

(1) 私は彼に宿題を手伝ってくださいと頼んだ。
(2) 親はみんな子供たちが成功することを期待している。
(3) 彼がその少女たちにピアノを弾くことを教えた。
(4) 私はあなたに武蔵野美術大学に合格してもらいたい。

一口メモ

> このパターンの目的語が必ずしも to-不定詞の意味上の主語であるとは限らない。promise「約束する」の場合は、例外的で、
>   (a) He promised me to come next Sunday.　彼は私に次の日曜日に来ると約束した。
> この文は次のように書き換えることができる。
>   (b) He promised me that *he* would come next Sunday.
> となり、me が目的語であることには変わりはないが、that-節の中の come の主語は he となる。したがって me は、不定詞句 to come next Sunday の意味上の主語ではない。

Pattern 17

He saw a man running down the street.

> **Example**
> A: Did you know somebody broke into a house along this street an hour ago?
> B: Really? **I saw a man running down the street about that time.**
> A: Oh! You'd better report that to the police.

[要点]

❶ パターン
「主語＋動詞＋(代)名詞＋〜ing」

❷ 動詞
feel 感じる、find 見つける、hear 聞こえる、leave 〜のままにする、see 見る、smell 〜のにおいがする、watch 見る、など。

[解説1]

「主語＋動詞」の後に「(代)名詞＋〜ing」が続くパターンの文である。すなわち、「目的語＋〜ing」の文である。このパターンの文に用いられる動詞は「見る」、「聞く」、「感じる」などを表す知覚動詞が多い。重要なポイントは「目的語＋〜ing」の部分が「…が〜している」という進行形の意味を表していることである。たとえば、

(1) I feel the house *shaking*.
(2) I found her *walking* on the street.
(3) I sometimes leave her *reading* a book.

これらの文は、「そのとき…が〜している」という状態を特に表現したいときに用いられる。

[解説2：受け身]

パターン15の受け身文は、次のようにto-不定詞になるが、

(4)(a) We seldom heard the baby *cry*.
   (b) The baby was seldom heard *to cry*.

このパターンの場合は、〜ing はそのままで次のような文になる。

(5)(a) We heard the baby *crying* at that time.
   (b) The baby was heard *crying* at that time.

また、上の文で(2)(3)の受け身文を示すと、(2) She was found *walking* on the street. (3) She is sometimes left *reading* a book. となる。しかし、ふつう受け身文として使われない動詞、feel, smell などもある。

彼は一人の男の人が通りを走って行くのを見た。

> A: 1時間前にこの通り沿いの家に泥棒が入ったのを知ってましたか。
> B: 本当ですか。その頃一人の男が通りを駆けて行くのを見ましたよ。
> A: まあ！ そのことを警察に届け出る方がいいですよ。

[解説]

(1) 私は家が震動しているのを感じる。
(2) 私は彼女が通りを歩いているのを見つけた。
(3) 私は彼女が本を読んでいるままにしておくことがある。
(4) 私たちはその赤ん坊が泣くのをめったに聞いたことがない。
(5) 私たちはその赤ん坊がその時泣いているのを聞いた。

===============[練習問題]===============

A. 次の ( ) の中の単語を並べかえて英文を完成させなさい。

(1) I (left, running, the, water).
(2) He (her, found, hiding) in the closet.
(3) Can you (anything, smell, burning)?

B. 与えられている動詞を ( ) の中に入れて、和訳しなさい。

(1) I could feel myself (　　　) asleep.
(2) I found her (　　　) some cakes when I was walking along the street yesterday.
(3) We heard the bell (　　　) at the church this morning.

　　　　[buying, falling, ringing]

C. 次の文を英語に直しなさい。

(1) 私は小さな子供が森の中をさまよっているのを見つけた。
(2) 私は夜に犬が吠えているのを聞いた。
(3) あなたは公園で子供たちが野球をしているのが見えますか。
(4) 私はポケットの中で携帯電話が振動するのを感じた。

一口メモ

> hear 聞こえる、listen to 耳を傾ける、の意味の違いは He didn't hear the phone because he was listening to the record. などの文を見るとわかる。

Pattern 18

Mrs. Tanaka had her purse stolen.

Example
A: What's the matter with her?
B: **She had her purse stolen.**

[要点]

❶ パターン
　「主語＋動詞＋(代)名詞＋過去分詞」

❷ 動詞
　have/get ～させる(使役)・～してもらう(使役)・～される(受け身)、keep/leave ～の状態にしておく、make ～されるようにする、see 見る、など。

[解説1]

　一般に動詞に続く「(代)名詞＋過去分詞」の部分は、受け身文と同じで (代)名詞が～されるという意味をもつ。上の例文の her purse stolen は her purse was stolen「ハンドバッグが盗まれた」ということである。

　上の例文の had は「～される(受け身)」であるが、このパターンの文の have または get は次のように使役、受け身の意味を表す。

　(1) I had (*or* got) my photograph taken. （使役）
　(2) I had (*or* got) my pocket picked in the train. （受け身）

使役であるか受け身であるかは文の前後関係や、会話ならストレスの位置によって判断される。一般に使役の場合、ストレスは have や get に置かれるが、受け身の場合は過去分詞にある。
　また、次のように see や make も過去分詞を伴って同じパターンの文になることがある。

　(3) They saw the mayor murdered by terrorists.
　(4) He made himself heard across the room by shouting.

[解説2：原形、to-不定詞との比較]

　次の二文を比較して、斜体字の部分の違いに注意しなさい。
　(5)(a) I had the letter *typed* by my secretary.
　　(b) I had my secretary *type* the letter. （パターン15）

　(a)(b) の had は共に使役である。(a)は「手紙」の方に、(b)は「秘書」に重点を置く言い方である。二文の意味はほぼ同じであるが、文のパターンは異なる。（パターン15を参照）。
　また、(b)の文は get を用いると、それに続く動詞は次のように to-不定詞となる。

　　(c) I got my secretary *to type* the letter.

このタイプの文についてはパターン16を参照のこと。

田中さんはハンドバッグを盗まれた。

> A: 彼女はどうしたのですか。
> B: 彼女はハンドバッグを盗まれたのです。

[解説]

(1) 私は写真を撮ってもらった。

(2) 私は電車の中でスリにやられた。

(3) 彼らは市長がテロリストに殺されるのを見た。

(4) 彼は叫んで声が部屋中に聞こえるようにした。

(5)(a)(b)(c) 私は秘書にその手紙をタイプさせた。

=====[練習問題]=====

A. 下に与えられた動詞を適当な形にして、文を完成させなさい。また、それぞれの文を和訳しなさい。

(1) I must get my hair (　　　) before I start.

(2) He had his house (　　　) down in the fire.

(3) I couldn't make myself (　　　) in English.

(4) I saw him (　　　) in the eye.

[burn, cut, hit, understand]

B. 次の文を英語に直しなさい。

(1) あなたはどこで財布を盗まれたのですか。

(2) 少しの間目を閉じていてください。

(3) 今朝、車を発車させることができなかった。

一口メモ

(a) They kept the store closed during the vacation.
　　彼らは休暇中店を閉じたままにしておいた。

(b) They made him drunk.
　　彼らは彼を酔っぱらわせた。

もともと closed や drunk は過去分詞であったが、現在では形容詞と考えられている。従って、上の二つの文はパターン18ではなく、パターン14の文に分類される。なお、amused 楽しそうな、interested 興味(関心)をもっている、も同様に形容詞である。

Pattern 19

My friends and I call it "Shanghai Palace."

> **Example**
> A: Do you know Tom?
> B: Yes, I know him well.
> A: **We members elected him president of the club.**

[要点]

❶ パターン
　「主語＋動詞＋(代)名詞＋名詞」

❷ 動詞
　call ～と呼ぶ、consider ～と考える、declare ～と宣言する、name ～と名付ける、make ～にする、think ～と思う、など。

[解説1]

「主語＋動詞」の後に「(代)名詞＋名詞」をとるパターンの文である。この(代)名詞は目的語として機能しているので、動詞の後に「目的語＋名詞」がくる文である。目的語の後の名詞はその目的語について資格、名前などを示し、何らかの意味で目的語を説明している。そしてその名詞がなければ文として不十分である。この名詞はパターン14の形容詞と同じ働きであるといえる。

文全体の意味はそれぞれの動詞の意味によって、call「…を～と呼ぶ」、name「…を～と名付ける」、elect「…を～に選ぶ」、make「…を～にする」などの意味になる。

(1) My father named me *Tom* after my grandfather.
(2) They thought him *a genius*.

[解説2：パターン10との比較]

このパターンは表面的にはパターン10と同じに見えるが、実際は異なっている。(3)と(4)を比較して、その違いに注意しなさい。

(3) They made him captain.　（パターン19）
(4) They gave him a job.　（パターン10）

(3)では目的語は一つであるから、受け身文は一つであるが、(4)は二つの目的語をとっているので、二つの受け身文が可能である。

(5) He was made captain (by them).
(6)(a) He was given a job (by them).
　　(b) A job was given (to) him (by them).

ただし、(6)(b)の場合にはtoの付いた文が用いられることが多いが、toが付いた文の場合はパターンが異なる。パターン10を参照。

友達と私はそれを「上海パレス」と呼んでいる。

> A: トムを知ってる？
> B: ええ、よく知ってるよ。
> A: 私たち会員は彼をクラブの会長に選んだ。

[解説]

(1) 私の父は私を祖父にちなんでトムと名付けた。
(2) 彼らは彼のことを天才だと思った。
(3) 彼らは彼をキャプテンにした。
(4) 彼らは彼に仕事を提供した。
(5) 彼はキャプテンにされた。
(6) (a)(b) 彼は仕事をもらった。

====[練習問題]====

A. 次の文はことわざです。どのパターンの文になっているかを示しなさい。また、それぞれの文を和訳しなさい。

(1) Haste makes waste.
(2) All work and no play makes Jack a dull boy.
(3) Love makes the world go round.
(4) Call no man happy until he dies.
(5) Call a spade a spade.
(6) You can lead a horse to water, but you can't make him drink.

B. (　)の中の動詞を用いて、英語に直しなさい。

(1) 彼らは佐藤氏を自分たちの会社の社長に選んだ。(elect)
(2) 彼は弘子さんを自分の妻にした。(make)
(3) 彼らはその子に華子と名前を付けた。(name)
(4) 私たちはみんな彼を英雄だと思った。(consider)

一口メモ

> このパターンの文とパターン14の文の中には、目的語 it が実際には to 以下の不定詞の部分を指していることがある。
> (a) He considered *it* his duty *to go*.　　（パターン19）
> (b) He found *it* difficult *to solve the problem*.　　（パターン14）

Part Two   Conversation Practice

附録のCDには、各章の会話、USEFUL EXPRESSIONS, VOCABULARYが収められています。
🔘 は、トラック・ナンバーを示しています。

Chapter 1

Making New Friends

Rika: Hi, Taika. Let me introduce my friend. This is Ken. Ken, this is Taika from Finland.

Taika: Nice to meet you, Ken.

Ken: Nice to meet you, too. Are you a freshman?

Taika: No, back in Finland I'm a junior like Rika, but I'm studying with freshman students here. How about you?

Ken: I'm a senior. Rika and I are majoring in oil painting. What about you?

Taika: I'm studying photography and working with Imaging Arts and Sciences students. I'm also interested in architecture. Japanese traditional houses are beautiful.

Rika: Ken, we're supposed to see our professor at 6 o'clock. We have to rush!

Ken: That's right. I forgot about that. Taika, let's get together for lunch sometime soon.

Taika: Sounds great. Nice meeting you, Ken.

Ken: Nice meeting you, too.

Rika: See you later.

里香： こんにちは、タイカ。友達を紹介するね。こちらは健。健、こちらはフィンランドから来たタイカ。
タイカ： 初めまして。よろしくね。
健： こちらこそ。１年生？
タイカ： フィンランドでは里香と同じ３年生なんだけど、ここでは１年生と一緒に勉強しているの。あなたは？
健： 僕は４年生。里香と僕は油絵を専攻しているんだ。君は？
タイカ： 私は写真を勉強していて、映像学科の学生と一緒にやっているの。建築にも興味があるんだけどね。日本の伝統的な家は美しいわ。
里香： 健、６時に先生に会うことになってるのよ。急がなきゃ！
健： そうだった。忘れてた。タイカ、今度お昼にみんなで集まろうよ。
タイカ： いいよ。会えてよかったわ、健。
健： こちらこそ。
里香： じゃあ、また後でね。

USEFUL EXPRESSIONS

●自己紹介をするとき

A: Let me introduce myself.	自己紹介させてください。
My name is Ken.	健といいます。
Nice / Glad to meet you. / How do you do?	初めまして。
B: I'm Taika from Finland.	フィンランドから来たタイカです。
Nice / Glad to meet you, too. / How do you do?	こちらこそ。

●友達を紹介するとき

Let me introduce my friend.	友達を紹介させてください。
I'd like you to meet my friend.	会ってほしい友達がいます。
This is my friend, Taika.	こちらは、友達のタイカさんです。

●初対面の人と出身や専攻などの話をするとき

A: Where are you from?	出身はどちらですか。
B: I'm from Finland.	フィンランド出身です。
A: What's your major?	専攻は何ですか。
B: I'm majoring in oil painting.	油絵を専攻しています。
My major is fashion design.	ファッションデザインを専攻しています。
I'm studying photography.	写真を勉強しています。
I'm interested in architecture.	建築に興味があります。

●初対面の人と別れるとき

A: (It was) nice meeting you.	お会いできてよかったです。
B: (It was) nice meeting you, too.	こちらこそ。

●別れるとき

See you later.	また後で。
See you on Monday.	では月曜日に。
Goodbye.	さようなら。
Take care.	気をつけて。
Have a nice day / weekend / vacation.	よい一日/週末/休暇を。
Say hello to your parents for me.	ご両親によろしく。

VOCABULARY AND EXERCISES

● Year in University　学年

1st year student	freshman	一年生
2nd year student	sophomore	二年生
3rd year student	junior	三年生
4th year student	senior	四年生

● Majors at Musashino Art University　武蔵野美術大学の学科

Oil Painting	油絵
Industrial, Interior, and Craft Design	工芸工業デザイン
Arts Policy and Management	芸術文化
Design Informatics	デザイン情報
Japanese Painting	日本画
Sculpture	彫刻
Visual Communication Design	視覚伝達デザイン
Scenography, Display, and Fashion Design	空間演出デザイン
Architecture	建築
Science of Design	基礎デザイン
Imaging Arts and Sciences	映像

● Countries and Nationalities　国と国籍

COUNTRY	国名	NATIONALITY	国籍
Australia	オーストラリア	Australian	オーストラリア人
Brazil	ブラジル	Brazilian	ブラジル人
Canada	カナダ	Canadian	カナダ人
China	中国	Chinese	中国人
Egypt	エジプト	Egyptian	エジプト人
Finland	フィンランド	Finnish	フィンランド人
France	フランス	French	フランス人
Germany	ドイツ	German	ドイツ人
Israel	イスラエル	Israeli	イスラエル人
Italy	イタリア	Italian	イタリア人
India	インド	Indian	インド人
Indonesia	インドネシア	Indonesian	インドネシア人
Japan	日本	Japanese	日本人
Korea	韓国	Korean	韓国人
Mexico	メキシコ	Mexican	メキシコ人
Pakistan	パキスタン	Pakistani	パキスタン人
Russia	ロシア	Russian	ロシア人
Singapore	シンガポール	Singaporean	シンガポール人
Spain	スペイン	Spanish	スペイン人
Sweden	スウェーデン	Swedish	スウェーデン人
Thailand	タイ	Thai	タイ人
The United Kingdom	イギリス	British	イギリス人
The United States of America	アメリカ	American	アメリカ人
Vietnam	ベトナム	Vietnamese	ベトナム人

● EXERCISE 1

Complete the table below based on the dialog. ダイアローグの内容を下の表にまとめてみましょう。最後の行は自分について書いてみましょう。

Name	Major	Year in University
Taika		
		Senior
	Oil Painting	
your name	your major	your year in university

● EXERCISE 2

Introduce yourself by filling the blanks. 空欄をうめて自己紹介をしてみましょう。

Mei Ling: Nice to meet you. I'm Mei Ling.

You: Nice _____, too. My name is _____.

_____ from China?

Mei Ling: No. Actually, I'm Singaporean. How about you?

You: I'm from _____. _____ a junior?

Mei Ling: No, I'm not. I'm a sophomore. By the way, what are you majoring in?

You: _____.

Mei Ling: Oh really? Me too! Well, I have to go to class now. It was nice meeting you.

You: It was nice meeting you, _____.

_____ you later.

ONE POINT LESSON

聞かれたことと同じ質問をしたい場合、次のような表現があります。

A: What year are you at university?　　A: What's your major?
B: I'm a senior. **What about you?**　　B: Oil painting. **And you?**
A: I'm a sophomore.　　　　　　　　　A: Architecture.

A: Where are you from?
B: I'm from England. **How about you?**
A: I'm Japanese.

49

Chapter 2

Talking about Families

Rika:	Do you have a big family, Taika?
Taika:	Not really. Besides my parents, I just have an older brother, Sami.
Rika:	Do the two of you look alike?
Taika:	Not at all! For one thing, he's much shorter than I am.
Rika:	How tall is he?
Taika:	About 160 cm. And his hair is darker and curlier than mine.
Rika:	Is he as slim as you are?
Taika:	No, actually he's rather heavyset. How about you? Do you have any brothers or sisters?
Rika:	No. I'm an only child, but I have lots of relatives.
Taika:	You're lucky! I only have an uncle, an aunt, and a cousin.
Rika:	Many people tell me I look like my mother.
Taika:	Oh, really? What do you think?
Rika:	Well, we're both about the same height and weight, and we both have shoulder-length hair, but my mother wears glasses and I don't.
Taika:	I'd like to meet your mother one day and see for myself! By the way, what does she do?
Rika:	**She teaches at a high school.**[1] She teaches math.
Taika:	Oh, really? My mother is a high school teacher, too. What a coincidence!

里香:	タイカは大家族なの？
タイカ:	そうでもないよ。両親の他にサミっていう兄がいるだけ。
里香:	2人とも似てるの？
タイカ:	全然！　まず、兄は私よりずっと背が低いの。
里香:	身長はどのくらいなの？
タイカ:	160センチくらいかな。髪の色は私より濃いし癖毛なの。
里香:	同じくらいやせてるの？
タイカ:	それが、どちらかというと太めなんだ。あなたは？　きょうだいはいる？
里香:	ううん。私は一人っ子だけど、親戚がたくさんいる。
タイカ:	いいじゃない！　私にはおじとおば、それにいとこが1人いるだけだもの。
里香:	私は母に似てるってよく言われるの。
タイカ:	そうなの？　自分ではどう思う？
里香:	そうね、身長も体重も同じくらいだし、髪も肩位の長さ。でも母はメガネをかけてるけど私はかけてない。
タイカ:	いつかお母さんに会って自分の目で見てみたい！　ところで、お母さんは何をしているの？
里香:	高校の先生をしているの。数学を教えているのよ。
タイカ:	本当？　私の母も高校の先生よ。偶然だね！

USEFUL EXPRESSIONS

●家族について聞くとき

A: How many people / members are there in your family?　　何人家族ですか。
B: There are four. My parents, a younger sister, and myself.　4人です。両親と妹、そして私です。
　　Do you have any brothers or sisters?　　きょうだいはいますか。
A: No, I'm an only child.　　いいえ、一人っ子です。
　　I have an older sister and a younger brother.　　姉と弟がいます。
　　I have a twin sister.　　双子の姉（妹）がいます。

●特徴を説明するとき

A: Is your sister tall?　　妹さんは背が高いのですか。
B: No, she is short and slim.　　いいえ、背は低くて痩せています。
　　She has long black hair and brown eyes.　　髪は黒で長く、目は茶色です。

●～に似ているか似ていないかを表すとき

I look like my father.　　私は父親似です。
You have your mother's eyes.　　お母さんに目が似ていますね。
My older brother and I look completely different.　　兄と私は全く似ていません。

●比較をするとき

A: Is your brother taller than you?　　お兄さんはあなたより背が高いのですか。
B: Yes, he is much taller than I am.　　はい、私よりずっと背が高いです。
　　He is more heavyset than me.　　私より太っています。
　　His hair is as long as mine.　　髪の長さは私と同じくらいです。

●比較するときに用いる語の形

1) 主に1音節でできている語にはerをつけます（taller, shorter, longer, darker, lighter など）。
2) 主に2音節以上でできている語には前にmoreをつけます（more heavyset, more beautiful, more charming など）。
3) -yで終わる語は、yをiにしてerをつけます（curlier, heavier, prettier など）。
4) 不規則に変化するものには、good/well → better　　bad/ill → worse　　many/much → more　などがあります。
5) 「同じぐらい～」としたいときには語の前と後にasをつけます。(He is as tall as I. Her hair is as beautiful as her sister's. など)。
6) 2倍はtwice、3倍はthree timesを使って表します。

ONE POINT LESSON

brotherは、「男のきょうだい」という意味で、自分より年上か年下かどうかは英語ではあまり区別しません。sisterについても同じです。日本に比べて、年齢を重要視しない文化の表れであると言えるでしょう。ことばと文化には、強い結びつきがあるのです。特に区別したいときは、older brother（兄）、younger brother（弟）と言ってみましょう。

VOCABULARY AND EXERCISES

● Family Members　家族の構成員

father	父	mother	母	brother	兄弟	sister	姉妹
grandfather	祖父	grandmother	祖母	uncle	おじ	aunt	おば
grandson	（男の）孫	granddaughter	（女の）孫	nephew	おい	niece	めい
cousin	いとこ	mother-in-law	義理の母				

● Describing Appearance　外見についての表現

height	body type	hair color	hair length	hair style
身長	体つき	髪の色	髪の長さ	髪型
tall 高い	slim 痩せている	black 黒	short 短い	straight 直毛
average height 普通	average build 普通	brown 茶色	medium length 普通	wavy ウェーブのかかった
short 低い	heavyset がっしりした	blond 金髪	long 長い	curly 巻き毛の
about 180 cm tall 約180 cm	overweight 太っている	gray/white 白髪	shoulder-length 肩の長さ	
	muscular 筋肉質の	dark 濃い色	balding 薄い	
		light 薄い色	bald はげ	

other その他
(have) a beard あごひげがある
(have) a mustache 口ひげがある
(wear) glasses 眼鏡をかけている

● EXERCISE 1

Choose whether the following statements are true or false based on the dialog.　ダイアローグの内容に合っているものにはT、そうでないものにはFを○で囲みなさい。

1. Taika has a very big family.　　　　T　　　F
2. Rika has an older brother.　　　　　T　　　F
3. Taika is taller than her brother.　　　T　　　F
4. Sami is slimmer than Taika.　　　　T　　　F
5. Rika has more relatives than Taika.　T　　　F

● EXERCISE 2

Fill in the blanks using the information from the family tree below.

家系図を見て下の1〜12の文を完成させましょう。

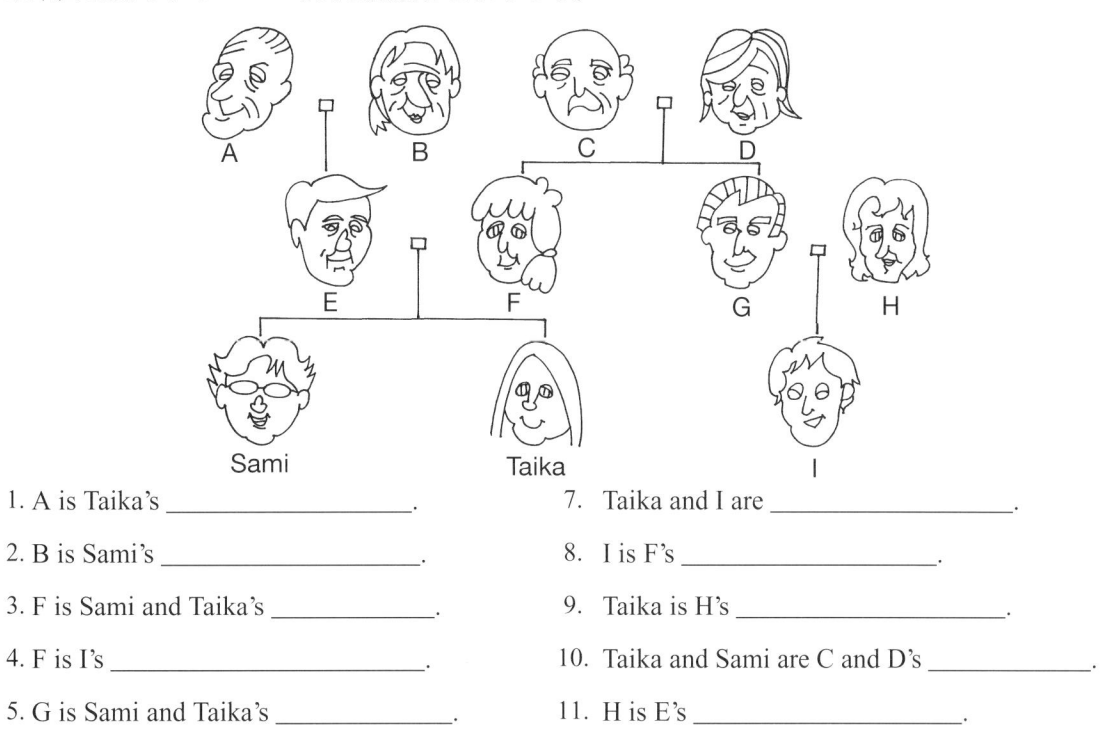

1. A is Taika's _____.
2. B is Sami's _____.
3. F is Sami and Taika's _____.
4. F is I's _____.
5. G is Sami and Taika's _____.
6. Taika is Sami's _____.
7. Taika and I are _____.
8. I is F's _____.
9. Taika is H's _____.
10. Taika and Sami are C and D's _____.
11. H is E's _____.
12. F is A and B's _____.

● EXERCISE 3

Mrs. Tanaka had her purse stolen.[18] She was walking down a street when the robbery occurred. Kenji was nearby at that time. **He saw a man running down the street.**[17] The man was holding a purse. Kenji is now helping the police by describing the man.

Describe the robber using the picture.

絵を見て52ページの外見についての表現を参考に泥棒の特徴を書いてみましょう。

Chapter 3
Making Plans

Ken: Taika, do you have any plans for the weekend?
Taika: No, I don't.
Ken: Rika and I were thinking about taking you to Kamakura.
Taika: **That sounds wonderful**,³ but I'd like to do something indoors. The weather report says it may rain on the weekend. Actually, **I want to visit a museum.**⁵
Ken: Why don't we go to the National Museum of Modern Art? They have a good collection of Japanese art.
Taika: That's a good idea. I'm also interested in going to the National Museum of Western Art. I hear that they have Monet's "Water Lilies." I love impressionists.
Ken: Yes. **That is a masterpiece**.² OK. Let's go there tomorrow.
Taika: Good. Is the museum far from here?
Ken: Not really. We can take the subway there. The closest station is Ueno.
Taika: That's great. **One of my friends taught me how to use the subway.**¹³ I'll meet you at Ueno station.
Ken: Good for you! I'll talk to Rika and call you tonight.
Taika: Sounds good. I'm looking forward to it.

健：	タイカは週末の予定はあるの？
タイカ：	ううん、何にも。
健：	タイカを鎌倉に連れて行ってあげようかって里香と話してたんだけど。
タイカ：	いいね、でも私は屋内で何かしたいな。天気予報が週末は雨が降るかもしれないって言ってたよ。実は私、美術館に行きたいの。
健：	国立近代美術館に行かない？ 日本美術のいいコレクションがあるよ。
タイカ：	いいね。国立西洋美術館にも行ってみたい。モネの「睡蓮」があるんだって？ 印象派大好き。
健：	そうだね。あれは傑作だよ。よし、明日行こう。
タイカ：	いいよ。 その美術館って遠いの？
健：	そうでもないよ。地下鉄で行ける。最寄りの駅は上野だ。
タイカ：	よかった。友達が地下鉄の使い方を教えてくれたの。上野駅で会いましょう。
健：	えらいね！ 里香と話して今夜電話するよ。
タイカ：	いいよ。楽しみにしてる。

USEFUL EXPRESSIONS

●提案するとき

I was thinking about going to the National Museum.	国立美術館に行こうかと思っていたんだけど。
Why don't we go to Asakusa?	浅草に行かない？
How about meeting at ten o'clock at Kokubunji station?	10時に国分寺駅で待ち合わせるのはどう？
Let's have lunch together.	昼ご飯を一緒に食べよう。

●賛成するとき

A: How about studying together for the exam?	一緒に試験勉強しない？
B: That's a good idea.	いい考えだね。
A: I'm good at English so I can teach you.	英語は得意だから教えてあげるよ。
B: That's great!	やったー！
A: Why don't we go to the library?	図書館に行かない？
B: Sounds good.	いいよ。

●反対するとき

A: I was thinking about going to the beach with you this weekend.	この週末に君と海に行ってみようかと思ってたんだよ。
B: I'm afraid I can't.	残念だけど行けないわ。
I have a slight cold.	風邪ぎみなの。
A: How about going to a museum then?	じゃあ、美術館に行くのはどう？
B: That sounds like fun, but I would prefer to stay home.	楽しそうだけれど、家にいたいわ。
A: Why don't we play cards at home?	家でトランプをしようよ。
B: Let's watch a video instead.	ビデオを見るのはどう？

ONE POINT LESSON

約束をするとき、次のような表現があります。
A: Where shall / should we meet?　どこで会いましょうか。
B: Let's meet at the ticket gate of Kokubunji station.　国分寺駅の改札口で会いましょう。

A: What time shall / should we meet?　何時に会いましょうか。
B: How about meeting at 3 o'clock?　3時はどうですか。

VOCABULARY AND EXERCISES

● Art-related Terms　美術関係の単語

painting　絵画	drawing　ドローイング、線描画	charcoal drawing　木炭画
oil painting　油絵	water color painting　水彩画	design　デザイン
architecture　建築	woodcut (block) print　木版画	arts and crafts　美術・工芸
sculpture　彫刻	graphic arts　グラフィック・アート	textile　テクスタイル
still life　静物画	still photograph　スチール写真	study, etude　習作
sketch　スケッチ、素描	landscape painting　風景画	portrait　肖像画
etching　エッチング	craftwork　工芸品	exhibition　展覧会

● Art-related Professions　美術関係の職業

painter　画家	sculptor　彫刻家	architect　建築家
craftsman　工芸家、職人	designer　デザイナー	graphic designer　グラフィック・デザイナー
fashion designer　ファッション・デザイナー	woodblock artist　木版画家	

● Selected Famous Art Movements and Periods　美術・絵画の代表的な運動と時代

abstract expressionism　抽象表現主義	cubism　キュビズム	modernism　モダニズム
art deco　アール・デコ	dadaism　ダダイズム	pop art　ポップ・アート
art nouveau　アール・ヌーボー	fauvism　フォービズム	post-impressionism　ポスト印象派
baroque　バロック	gothic　ゴシック	rococo　ロココ
classicism　古典主義	impressionism　印象派	surrealism　シュールレアリズム
conceptual art　コンセプチュアル・アート	minimalism　ミニマリズム	

● Selected Artists and Their Masterpieces　芸術家とその作品

Edouard Manet "Luncheon on the Grass"	エデュアール・マネ「草上の昼食」
Claude Monet "Sunrise"	クロード・モネ「日の出」
Pierre Auguste Renoir "Le Moulin de la Galette"	ピエール・オーギュスト・ルノワール「ル・ムーラン・ドゥ・ラ・ギャレット」
Georges Seurat "A Sunday Afternoon on the Grande Jatte"	ジョルジュ・スーラ「グランド・ジャット島の日曜日の午後」
Vincent Van Gogh "Sunflowers"	ヴィンセント・ヴァン・ゴッホ「ひまわり」
Paul Cezanne "The Card Players"	ポール・セザンヌ「トランプをする人々」
Henri Matisse "Harmony in Red (Red Room)"	アンリ・マティス「赤のハーモニー（赤の部屋）」
John Constable "The Hay Wain"	ジョン・コンスタブル「乾草車」
Pablo Picasso "Guernica"	パブロ・ピカソ「ゲルニカ」
Leonardo da Vinci "Mona Lisa"	レオナルド・ダ・ヴィンチ「モナリザ」

● Selected Museums 美術館

 The Guggenheim Museum   グッゲンハイム美術館（ニューヨークなど数カ所）
  (New York, USA and other locations)   http://www.guggenheim.org/

 The Hermitage Museum (St. Petersburg, Russia)   エルミタージュ美術館（サンペテルスブルグ、ロシア）
                     http://www.hermitage.ru/

 The Louvre Museum (Paris, France)   ルーブル美術館（パリ、フランス）
                     http://www.louvre.fr/

 The Metropolitan Museum of Art (New York, USA)   メトロポリタン美術館（ニューヨーク・アメリカ）
                     http://www.metmuseum.org/

 The Museum of Modern Art (New York, USA)   近代美術館（ニューヨーク・アメリカ）
                     http://moma.org/

 The National Gallery (London, UK)   ナショナル・ギャラリー（ロンドン、イギリス）
                     http://nationalgallery.org.uk/

 The Prado Museum (Madrid, Spain)   プラド美術館（マドリード、スペイン）
                     http://museoprado.mcu.es/

● Exercise 1

Choose whether the following statements are true or false based on the dialog. ダイアローグの内容に合っているものにはT、そうでないものにはFを○で囲みなさい。

1. Taika has already made plans for the weekend.   T   F
2. The weather is supposed to be fine this weekend.   T   F
3. Taika would not like to do an outdoor activity this weekend.   T   F
4. Monet's "Water Lilies" is located in the National Museum of Modern Art.   T   F
5. Taika knows how to take the subway by herself.   T   F

● Exercise 2

Fill in the blanks with the correct word or phrase from the box below: 適切な語句をボックスの中から選んで文章を完成させましょう。

| exhibitions | sculptor | designs | The Museum of Modern Art |

Isamu Noguchi, the famous architect, craftsman, designer, and (a)_____, was born in Los Angeles in 1904. One of his most famous (b)_____ is a coffee table known for its unique free form. There have been many (c)_____ of his work at famous museums around the world. Some of his most famous pieces are on display at (d)_____ in New York City. By the time he died in 1988, Noguchi was recognized as an American master artist.

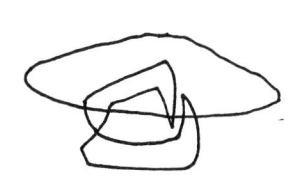

Chapter 4

Arriving in Tokyo

At the airport

Immigration Officer: May I see your passport, please? Thank you. What is the purpose of your visit to Japan?
Sami: I'm here on business. I'm also visiting my sister.
Immigration Officer: Is this your first visit to Japan?
Sami: Yes, it is.
Immigration Officer: How long will you be staying in Japan?
Sami: One week.
Immigration Officer: Where will you be staying?
Sami: I'm staying at the MAU Hotel.
Immigration Officer: OK. Here is your passport. Have a pleasant stay.
Sami: Thank you.

✧✧

Taika: **Could you show me where the Narita Express counter is?**[11] I'm supposed to meet my brother there.
Rika: Sure. It's right over there. Your brother must be tired. **I wonder how long the flight from Helsinki to Tokyo is.**[8]
Taika: It's about 10 and a half hours, but he is used to flying long distances. Oh, there he is! Sami!

（空港で）
入国調査官：パスポートを拝見できますか。どうも。日本へいらした目的は？
サミ：　　仕事です。ついでに妹に会いに行きます。
入国調査官：日本は初めてですか。
サミ：　　はい、そうです。
入国調査官：日本にはどのくらい滞在しますか。
サミ：　　１週間です。
入国調査官：どちらに滞在されるのですか。
サミ：　　マウホテルです。
入国調査官：わかりました。パスポートをどうぞ。よいご旅行を。
サミ：　　ありがとう。

✧✧

タイカ：　成田エクスプレスのカウンターがどこか教えてくれる？　兄とそこで会うことになってるんだけど。
里香：　　もちろん。すぐそこだよ。お兄さん、きっと疲れてるだろうね。ヘルシンキから東京までどのくらいかかるのかな。
タイカ：　１０時間半くらいだけど、長距離の空の旅には慣れてるから。あ、あそこにいた！　サミ！

USEFUL EXPRESSIONS

●入国審査を受けるとき

A: May I see your passport, please?	パスポートを拝見します。
B: Here you are.	どうぞ。
A: What is the purpose of your visit to the U. S.?	アメリカ滞在の目的は何ですか。
B: Sightseeing. / Business. / Just for a holiday. / I'm visiting friends. / I'm attending school. / I'm doing research.	観光です。/仕事です。/休暇を過ごすためです。/友人に会いに行きます。/学校に行きます。/研究をするつもりです。
A: Is this your first visit to the U.S.?	アメリカは初めてですか。
B: Yes. / No, this is my second / third / fourth / fifth time.	そうです。/いいえ、2/3/4/5回目です。
A: How long do you plan to stay here?	どのくらいの期間滞在するのですか。
B: Five days. / One week. / Ten days. / One month.	5日/1週間/10日/1カ月です。
A: Where are you staying?	滞在先はどちらですか。
B: I'm staying at ~Hotel. / I'm staying with friends.	～ホテルです。/友人の家です。

●何かを手渡すとき／見つけたとき

Here you are. / Here you go.	どうぞ。
Here is a map.	ここに地図があります。
Here it is.	ありました。(近くの物に対して)
There it is.	ありました。(遠くの物に対して)

●場所や道を尋ねるとき

Excuse me. Where is the information counter?	すみません、案内所はどこですか。
Excuse me. Would you show / tell me where the post office is?	すみません、郵便局へどう行ったらよいか教えてくれますか。
Excuse me. Could you show / tell me how to get to Main Street?	すみません。メインストリートへはどう行ったらよいのでしょう。

ONE POINT LESSON

相手の言ったことを聞き返すとき、次のような表現があります。

Excuse me? / Pardon me? / Sorry? / I beg your pardon?	すみません、何とおしゃいましたか。
I'm sorry, could you repeat that, please? / Would you mind repeating that, please?	すみませんが、もう一度言っていただけますか。

VOCABULARY AND EXERCISES

track 12

● Travel-related Items　旅行に関する単語

immigration	入国	duty-free	免税
passport	パスポート	date of birth	生年月日
visa	ビザ	place of birth	出身地
embark	（飛行機などに）乗り込む	occupation	職業
disembark	（飛行機などから）降りる	sightseeing	観光
one-way ticket	片道切符	business	商用
round-trip/return ticket	往復切符	greeting area	待合所
baggage claim	手荷物受取所	quarantine	検疫
customs	税関	vaccination	予防接種
inspection	検閲	currency	通貨
declare	申告する	exchange rate	為替相場

● EXERCISE 1

Choose whether the following statements are true or false based on the dialog.　ダイアローグの内容に合っているものにはT、そうでないものにはFを○で囲みなさい。

1. Sami is visiting Japan for work and to visit family.　　T　　F
2. Sami has been to Japan before.　　T　　F
3. Sami is going to stay at Taika's apartment.　　T　　F
4. Taika is meeting Sami at the greeting area.　　T　　F
5. It takes less than 11 hours to fly from Helsinki to Tokyo.　　T　　F

60

● EXERCISE 2

Complete the Disembarkation Card based on the information in the dialog below.　入国審査での会話を読んで、山田さんの入国カードを完成させましょう。

A: Good afternoon and welcome to New York City.　May I see your passport and disembarkation card, please?

T: Here you are.

A: What do you do, Mr. Yamada?

T: I'm a student at an art university.

A: I see.　And what is the purpose of your visit to the U.S.?

T: I'd like to visit some museums and famous places in the city.

A: How long do you plan to stay?

T: About 10 days.

A: And where will you be staying?

T: At the Best Quality Hotel in downtown Manhattan.

A: Thank you very much. Enjoy your stay in New York!

Disembarkation Card

Name	Family Name	Given Names: TORU		
Nationality	JAPANESE	Date of Birth (Day/Month/Year 19): 11 04 79	☒ male	2 Female
Address in USA		Length of stay		
Passport No.	9999999	Occupation		
Fligt No./Vessel	JAL 100	Port of Disembarkation		
Purpose of visit		Signature: Toru Yamada		

A: こんにちは。パスポートと、入国カードを見せていただけますか。
T: はい、お願いします。
A: 山田さんは何をなさっているのですか。
T: 美術大学の学生です。
A: そうですか。アメリカへのご旅行の目的は何ですか。
T: 美術館と街の名所を訪ねたいと思っています。
A: どのくらい滞在されますか。
T: 10日くらいです。
A: 滞在先はどちらですか。
T: マンハッタンのダウンタウンにあるベストクウォリティーホテルです。
A: ありがとうございました。楽しいニューヨークの旅になりますように！

Chapter 5
Eating at a Restaurant

At the MAU Hotel

Waitress: Good morning. Table for two?

Sami: No, actually there are four of us. The other two will be joining us later.

Waitress: Smoking or non-smoking?

Sami: Non-smoking, please. Could we get a seat by the window?

Waitress: Certainly. This way, please.

At the table

Sami: What's the typical Japanese breakfast?

Taika: Some Japanese people have rice, miso soup, and fish. **My friends and I usually eat bread for breakfast,**[4] though.

Waitress: Would you like to start with coffee?

Sami: Yes, please. Taika, **please pass me the sugar.**[10]

Waitress: May I take your order now?

Sami: Yes. We'll have some orange juice, scrambled eggs, sausages, cereal, blueberry pancakes, assorted fruit, and…

Taika: Sami! **Please stop ordering any more food!**[6] I can't eat that much.

Sami: I'm ordering for four people. And it's my treat. By the way, where are your friends? It's already 10:30.

Taika: Don't worry. **They know how to get to the hotel.**[9]

Sami: Oh, here they come.

（マウホテルで）
ウェイトレス：いらっしゃいませ。お2人さまですか。
サミ：　　　　いや、実は4人なんですけど。他の2人は後で来ます。
ウェイトレス：お煙草は吸われますか。
サミ：　　　　禁煙席でお願いします。窓際の席でもいいですか。
ウェイトレス：かしこまりました。こちらへどうぞ。
（テーブルで）
サミ：　　　　日本の典型的な朝食って何？
タイカ：　　　ご飯とおみそ汁、それから魚を食べる人もいる。私の友達や私はたいていパンを食べるけどね。
ウェイトレス：はじめにコーヒーはいかがですか。
サミ：　　　　お願いします。タイカ、砂糖を取って。
ウェイトレス：もうご注文はお決まりでしょうか。
サミ：　　　　はい。オレンジジュースと、スクランブルエッグ、ソーセージにコーンフレーク、それからブルーベリーパンケーキに果物の盛り合わせ、それから……
タイカ：　　　サミ！　それ以上注文するのやめてよ！　そんなに食べられないわ。
サミ：　　　　4人分だよ。僕のおごりだし。ところで、友達は？　もう10時半だよ。
タイカ：　　　大丈夫。2人ともホテルへの道順はわかっているから。
サミ：　　　　あ、来たよ。

USEFUL EXPRESSIONS

●レストランに入るとき

I'd like a table for three, please. / Can we have a table for three please? / There are three of us.	3人です。
Non-smoking, please. Smoking, please.	禁煙席/喫煙席をお願いします。
Could we get / have a seat by the window?	窓際の席をお願いできますか。
Could we sit outside?	外の席をお願いできますか。

●注文するとき

I'll have ~.	~にします。
Could I have / get ~, please? I'd like ~.	~をいただけますか。
We'll share / split ~.	~を一緒に食べます。 （一つのものを何人かで分ける場合）

●食事が終わったとき

We are finished / done.	食べ終わりました。
Thank you. It was delicious / very good / wonderful.	ごちそうさまでした。おいしかったです。

●残りを持って帰りたいとき

Could you wrap this up, please?	包んでいただけますか。
I'd like to take this home, please.	持ち帰りたいのですが。

●支払いをするとき

Could we have the bill / check, please?	勘定をお願いします。
Do you accept / take traveler's checks?	トラベラーズチェックでもよいですか。
Do you accept / take credit cards?	カードでもよいですか。

ONE POINT LESSON

各自が自分の分を支払うときや相手にごちそうしたいときには、次のような表現があります。

Let's split the bill. / Let's go Dutch.　割り勘にしましょう。

I'll take care of it. / It's my treat. / It's on me.　私がごちそうします。

VOCABULARY AND EXERCISES

● Menu-related Items　メニューに関する単語

appetizer	前菜	entree / main course	メインディッシュ
salad	サラダ	dessert	デザート
soup	スープ	beverage	飲み物

● Cooking-related Items　料理に関する単語

- fry　揚げる
  (fried chicken 鶏肉の唐揚げ)
- roast　肉を直火かオーブンで焼く
  (roast turkey 七面鳥の丸焼き)
- broil / grill　肉や魚を焼き網などで直接火にかけて焼く
  (grilled lamb chops ラムチョップ)
- barbecue (BBQ)
  豚や牛を丸焼きにしたり、辛いソースをつけて焼く
  (BBQ pork ribs 焼き豚)
- bake　パン、ケーキ、パイなどをオーブンで焼く
  (baked cheesecake チーズケーキ)
- poach　(卵・魚などを崩さないように短時間で) ゆでる

Menu — Cafe Mau

Appetizer
- Shrimp cocktail
- Mozzarella sticks
- Chicken tenders
- Mixed seafood platter

Salad and Soup
- Tossed green salad
- Chicken salad
- Caesar salad
- Clam chowder
- Onion soup

Entree/Main course
- Spaghetti with meat sauce
- Fried chicken
- Beef curry
- Roast Turkey
- Poached fish with tartar sauce
- Sirloin steak
- BBQ Pork Ribs
- Grilled lamb chops

Dessert
- Apple pie
- Chocolate cake
- Baked cheesecake
- Tiramisu
- Ice cream (chocolate, strawberry, vanilla)

Beverage
- Coffee
- Tea
- Soft drink (Coke, 7-Up)
- Lemonade
- Orange juice
- Apple juice

● EXERCISE 1

Choose whether the following statements are true or false based on the dialog.　ダイアローグの内容に合っているものにはT、そうでないものにはFを○で囲みなさい。

1. Taika and Sami are planning to have breakfast alone.　　T　F
2. Sami would like to sit near the window.　　T　F
3. Taika's Japanese friends usually have rice, miso soup, and fish for breakfast.　　T　F
4. Sami orders only a little food for breakfast.　　T　F
5. Sami will pay for breakfast.　　T　F

● EXERCISE 2

Complete the dialog in English using the Japanese cues.　日本語をヒントに英語の会話を完成させましょう。

Waiter: Good evening. How many in your party?

Customer: (a) _____

Waiter: Smoking or non-smoking?

Customer: (b) _____

Waiter: Certainly. This way, please.

✧✧✧✧✧✧✧✧✧✧✧✧✧✧✧✧✧✧✧✧✧✧✧✧✧✧✧✧✧✧✧✧✧✧✧✧✧

Waiter: Here's the menu. Would you like something to drink?

Customer: (c) _____

Waiter: And what would you like to have for dinner?

Customer: (d) _____

✧✧✧✧✧✧✧✧✧✧✧✧✧✧✧✧✧✧✧✧✧✧✧✧✧✧✧✧✧✧✧✧✧✧✧✧✧

Waiter: Would you like to have dessert?

Customer: (e) _____

Waiter: Would you like cream and sugar?

Customer: (f) _____

ウェイター： いらっしゃいませ。何人様でしょうか。
客： 　　　（a）2人です。
ウェイター： お煙草は吸われますか。
客： 　　　（b）いいえ。それから、窓際の席をお願いできますか。
ウェイター： かしこまりました。こちらにどうぞ。

✧✧✧✧✧✧✧✧✧✧✧✧✧✧✧✧✧✧✧✧✧✧✧✧✧✧✧✧✧✧✧✧✧✧✧✧✧
ウェイター： メニューをどうぞ。お飲物はいかがですか。
客： 　　　（c）コーラを2つお願いします。
ウェイター： お食事はいかがなさいますか。
客： 　　　（d）私はシーザーサラダとスパゲティミートソース、それから彼女にはシュリンプカクテルと魚料理をお願いします。

✧✧✧✧✧✧✧✧✧✧✧✧✧✧✧✧✧✧✧✧✧✧✧✧✧✧✧✧✧✧✧✧✧✧✧✧✧
ウェイター： デザートはいかがですか。
客： 　　　（e）はい、お願いします。アップルパイを2人で食べます。私にはコーヒーをください。
ウェイター： ミルクとお砂糖はお使いになりますか。
客： 　　　（f）お砂糖だけお願いします。

Chapter 6

Feeling Sick

(The doorbell rings at Rika's house.)

Ken: Hi, Taika. How's Rika doing? I heard she was sick.

Taika: Actually she's sleeping right now.

Ken: What's wrong with her?

Taika: She has a fever and a stomachache. In fact, she hasn't eaten anything all day.

Ken: Really? **You should make her have some soup at least.**[15]

Taika: That's a good idea. How about something for her fever?

Ken: She should take some aspirin. Does she have any in her house?

Taika: I couldn't find any. Maybe I should get some aspirin for her. Is the drug store still open?

Ken: **I believe that the drug store closes at 8:00 p.m.**[7] Why don't I go now while you make the soup?

Taika: Thanks, Ken. I'll make enough soup for the three of us.

Ken: That sounds good. I'm thinking of taking Rika to the doctor tomorrow morning. **Will you tell Professor Endo that I will be late for class tomorrow,**[12] please?

Taika: Sure. On your way out, **please leave the door open**.[14] I think some fresh air would be good for her.

（里香の家のドアベルが鳴る）

健： やあ、タイカ。里香はどんな感じ？　病気だって聞いたから。

タイカ： 実は今眠ってるのよ。

健： どうしたの？

タイカ： 熱があって、お腹も痛いんだって。実は、１日中何も食べてないのよ。

健： 本当？　スープぐらい飲ませた方がいいよ。

タイカ： そうね。熱に対してはどうしたらいい？

健： アスピリンを飲んだ方がいい。この家にあるかな？

タイカ： それが見つからないの。買ってきた方がいいかもしれない。薬屋さんまだ開いてる？

健： ８時閉店だと思うよ。タイカがスープを作っている間、僕がちょっと行って来るよ。

タイカ： ありがとう。スープ３人分作っておくからね。

健： いいね。明日里香を医者に連れて行こうと思うんだ。遠藤先生に授業に遅れるって言っておいてくれる？

タイカ： わかったわ。部屋から出るとき、ドアを開けたままにしておいてくれる？　新鮮な空気を入れた方がいいわ。

USEFUL EXPRESSIONS

●症状を説明するとき

A:	How are you feeling?	気分はどうですか。
B:	I'm feeling sick.	気分が悪いのです。
A:	What's wrong with you?	どうしましたか。
B:	I sprained my ankle.	足をくじいてしまいました。
A:	What are your symptoms?	どんな症状ですか。
B:	I have a stomachache.	お腹が痛いのです。

●病気の人に何かを勧めるとき

You should see a doctor. 　　　　　医者に診てもらった方がいいですよ。
You should go to the hospital. 　　　病院に行った方がいいですよ。
You should take medicine. 　　　　　薬を飲んだ方がいいですよ。
You should lie down. 　　　　　　　横になった方がいいですよ。
You should take a rest. 　　　　　　休んだ方がいいですよ。

●病気やけがをしたとき

I'm not feeling well. 　　　　　　　気分が悪いのです。
Could you recommend a doctor? 　　医者を紹介してもらえますか。

I sprained my ankle. 　　　　　　　足をくじいてしまいました。
Is there a hospital nearby? 　　　　近くに病院はありますか。

My father fell in the bathroom. 　　父がお風呂場で転んでしまいました。
He can't move. He might have broken 　動けないのです。足を折ったのかもしれません。
his leg. Can you call an ambulance? 　救急車を呼んでもらえますか。

ONE POINT LESSON

何かを勧めるときには、次のような表現があります。

Why don't you take medicine? 　　　　　　　薬を飲んだらどうですか。
You'd better go home. 　　　　　　　　　　家へ帰った方がいいですよ。
Have you tried aspirin? 　　　　　　　　　アスピリンを飲んでみましたか。
If I were you, I would see a doctor. 　　　　私だったら医者に診てもらいます。
It might be a good idea to take the day off. 　一日休みをとったらいいかもしれません。

VOCABULARY AND EXERCISES

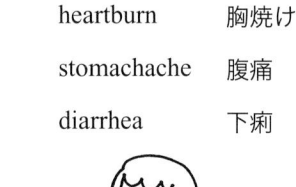

track 18

● Illness - related Items   病気に関する単語

cold	風邪	insomnia	不眠症
chills	寒気 (I have the ~.)	heartburn	胸焼け
flu	インフルエンザ	stomachache	腹痛
sneeze	くしゃみ	diarrhea	下痢
runny nose	鼻水	cut	切り傷
nosebleed	鼻血	bruise	あざ
cough	咳	rash	湿疹
sore throat	のどの痛み	allergy	アレルギー
fever	熱	symptoms	症状
backache	背中の痛み	sunburn	日焼け
headache	頭痛	itch	かゆい
pain	痛み	dizzy	めまいがする
hurt	痛む		
toothache	歯の痛み	break	骨折する
		burn	火傷

have a fever	熱がある	feel sick	気分が悪い
have a sore throat	喉が痛い	feel dizzy	めまいがする
have a headache	頭が痛い	have a broken arm	腕を骨折する
have a stuffy nose	鼻がつまる	have a sprained ankle	足を捻挫する
catch a cold	風邪を引く		

medicine	薬	eye drops	目薬	pharmacist	薬剤師
pills	錠剤	ointment / cream	塗り薬	pharmacy/drug store	薬屋
tablets	カプセル	band aid	絆創膏	prescription	処方箋 (fill a ～ 処方する)
aspirin	アスピリン	bandage	包帯	temperature	体温
cough syrup	咳止めシロップ	doctor	医者	thermometer	体温計
cough drops	のど飴	dentist	歯医者	health insurance	健康保険

● EXERCISE 1

Choose whether the following statements are true or false based on the dialog.　ダイアローグの内容に合っているものにはT、そうでないものにはFを○で囲みなさい。

1. Taika is not feeling well.　　　　　　　　　　　　　　　T　　　F

2. Rika is watching television at the moment.　　　　　　T　　　F

3. Rika has not had anything to eat today.　　　　　　　T　　　F

4. The drug store is already closed.　　　　　　　　　　T　　　F

5. Ken will be late for Prof. Endo's class tomorrow.　　　T　　　F

● EXERCISE 2

Fill in the blanks with the appropriate word from below: 適切な単語を下から選んで会話を完成させましょう。

| fever | temperature | symptoms | problem | medicine |
| pharmacy | hurts | feel | have | |

Doctor: Good morning. What seems to be the (a) _____?

Patient: I think I have a (b) _____. I (c) _____ hot and tired.

Doctor: Let me take your (d) _____. Hmmm…38 degrees centigrade. That's a little high. Do you have any other (e) _____?

Patient: Well I (f) _____ a cold and my throat (g) _____ as well.

Doctor: It sounds like you have the flu. Many people seem to have come down with the flu recently. I'll prescribe some (h) _____. Please have this filled at the (i) _____. Get some rest and drink lots of fluids.

Patient: Thank you.

医者：おはようございます。どうなさいましたか。
患者：熱があると思います。体が熱くてぐったりした感じです。
医者：熱を計りましょう。うーん、38度あります。
　　　ちょっと高いですね。他の症状はありますか。
患者：そうですね、寒気がして、喉も痛いです。
医者：インフルエンザのようですね。最近多いんですよ。
　　　お薬を出しますから、薬局にこれを出して下さい。
　　　休養して水分をたくさんとってくださいね。
患者：ありがとうございました。

● EXERCISE 3

Match the symptoms on the left with the appropriate advice on the right. 次の症状に適切なアドバイスを選びましょう。

1. I have a stuffy nose.　　　　　　A. You'd better apply an ice pack.
2. I've just sprained my ankle.　　　B. If I were you, I'd take some aspirin.
3. My skin itches.　　　　　　　　C. It might be a good idea to see a dentist.
4. I have a terrible headache.　　　D. You should take some medicine for a cold.
5. I have a toothache.　　　　　　　E. Why don't you try this ointment?

Chapter 7
Giving Directions

Taika: I'm thinking of having a party this Saturday and I'd like to invite both of you.
Rika: That's great!
Ken: Yes, I'd love to go! Can I bring my sister, too?
Taika: Sure. **Why don't you ask her to come over**[16] as well? Do you know how to get to my place?
Ken: I know it's close to the campus, but I'm not sure exactly where it is. Could you tell us how to get there?
Taika: It's easy. First, turn right at the main gate and go straight two blocks.
Rika: OK.
Taika: And next, turn left at the coffee shop and go one block.
Ken: Did you say to go two blocks after turning left?
Taika: No, just one block. My apartment building is straight ahead, next to a Chinese restaurant, across from a convenience store. I'm not sure what the name of the restaurant is, because I can't read kanji. But **my friends and I call it "Shanghai Palace,"**[19] because it looks so grand.
Ken: Ah, I know the restaurant. You're right. It does look like a palace.
Taika: Good. So you can find my place easily. I live on the second floor.
Rika: What should we bring?
Taika: Oh, I'll take care of everything. Just come over at around 6:00 p.m.

タイカ：	今週の土曜日にパーティーを開こうと思ってて、あなたたち２人を招待したいんだけど。
里香：	いいね！
健：	行きたい！妹を連れて来てもいい？
タイカ：	もちろん。彼女にも来るように言ってね。私の家までの道順わかる？
健：	学校から近いことは知ってるけど、正確にはどこかわからない。どうやって行ったらいいか教えてくれる？
タイカ：	簡単よ。まず、正門を右に曲がって、２つ目の角までまっすぐ行って。
里香：	オッケー。
タイカ：	次に、喫茶店のところを左に曲がって、１つ目の角まで行くの。
健：	左に曲がった後２つ目の角まで行くの？
タイカ：	ううん、１つだけ。私のアパートはすぐ目の前、中華料理屋の隣で、コンビニの向かいよ。漢字が読めないからそのお店の名前がわからないけど、友達と私は「上海パレス」って呼んでるの。だって、豪華なんだもの。
健：	ああ、その店知ってるよ。そうだね。なんだか宮殿みたいだよね。
タイカ：	よかった。だったら私のアパートはすぐわかるわ。２階に住んでるから。
里香：	何か持っていこうか？
タイカ：	大丈夫、全部私に任せて。６時頃に来てね。

USEFUL EXPRESSIONS

●道順を説明するとき

Go straight.	まっすぐ行ってください。
Turn right / left at….	～を右/左に曲がってください。
~ is straight ahead.	～は目の前にあります。
~ is across from….	～は…を横切った所にあります。
~ is next to….	～は…の隣にあります。
~ is behind….	～は…の後ろにあります。
~ is in front of….	～は…の前にあります。
It's easy / complicated.	簡単/複雑です。
It's close by here.	ここから近いです。
It's far from here.	ここから遠いです。
You can't miss it.	すぐにわかりますよ。
It's within walking distance.	歩ける距離にあります。
You should take a bus / train.	バス/電車に乗った方がいいですよ。
I'll show you.	案内します。
Please follow me.	ついてきてください。

●パーティーなどに招待する / されるとき

I'd like to invite you to my birthday party.	誕生日パーティーに招待したいのですが。
I'm having a party this weekend. Would you like to come?	今週末パーティーを開きます。来ますか？
We're getting together for dinner tomorrow.	明日夕飯に集まるんだけど。
Can you join us?	来られる？
What should I bring?	何を持って行きましょうか。
Do you want me to bring anything?	何か持ってきてほしい？
It would be great if you could bring some dessert.	デザートを持ってきてもらえると嬉しいです。
I'll take care of everything.	こちらで全部やりますのでお任せください。

ONE POINT LESSON

招待を断るときには、次のような表現があります。

I'm afraid / I'm sorry / Unfortunately,	残念ですが、
I have a previous engagement.	先約があるのです。
I wish I could go, but I have another appointment.	行けたらよいのですが、他の約束があるのです。
Thank you for inviting me, but I've already made plans.	お誘いはありがたいのですが、すでに予定が入っているのです。

VOCABULARY AND EXERCISES

● Prepositions of Location　場所を表す前置詞

in	中に	next to	隣に	in front of	前に	on the right	右側に
on	上に	after	後に	behind	後ろに	on the left	左側に
under / below	下に	before	前に	over/above	上に	across from	反対側に

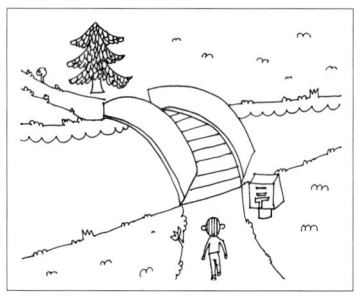

① The tree is **after** the bridge.
The post box is **before** the bridge.

② The man and the cat are **under / below** the table.
The cup and the vase are **on** the table.

③ The bird is flying **over / above** the boy.

④ A dog is **on the left**.
A cat is **on the right**.

⑤ The woman is standing **in front of** the mirror.

⑥ The cafe is **next to** the bank.

⑦ The woman is **in** the car.

⑧ The man is **behind** the pole.

⑨ The man is **across from** the woman.

● Useful Location Markers　道案内に便利な表現

| intersection | 交差点 | corner | 角 | traffic light/signal | 信号 | block | ブロック |

（四辺を道路で囲まれた区画）

● EXERCISE 1

Choose whether the following statements are true or false based on the dialog.　ダイアローグの内容に合っているものにはT、そうでないものにはFを○で囲みなさい。

1. Rika is having a party this Saturday.　　　　　　　　　　　　　T　　F
2. Taika lives nearby the campus.　　　　　　　　　　　　　　　T　　F
3. Ken doesn't know the way to Taika's apartment.　　　　　　　T　　F
4. Taika's apartment is located above a convenience store.　　　T　　F
5. Taika asks Rika and Ken to bring some dessert for the party.　T　　F

● EXERCISE 2

Based on the dialog, match the building in the box below with the letter in the map on the right.

本文（70頁）を参考にして、下記の建物と地図上のa〜dを一致させましょう。

```
Chinese restaurant
convenience store
coffee shop
Taika's apartment building
```

● EXERCISE 3

Use the following map and vocabulary to give directions to the post office. 地図を見ながら下の単語を使って会話を完成させましょう。

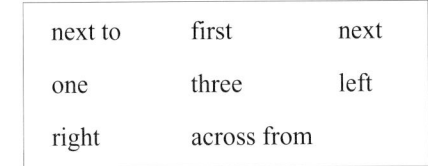

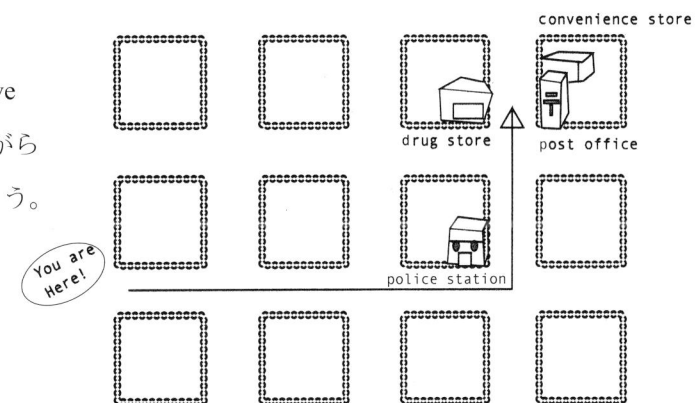

```
next to      first        next
one          three        left
right        across from
```

A: Excuse me. Could you tell me how to get to the post office?

B: Sure. (a) _____, go down this street (b) _____ blocks.

A: Okay.

B: (c) _____, turn (d) _____ at the police station and walk (e) _____ block.

A: I see.

B: The post office will be on your (f) _____, (g) _____ the drug store,

　(h) _____ the convenience store.

A: Thank you for your help!

B: You're welcome.

A: すみません。郵便局への道順を教えていただけますか。
B: いいですよ。まず、３つ目の角までこの道を行ってください。
A: はい。
B: 次に、警察署の所を左に曲がって１つ目の角まで行ってください。
A: わかりました。
B: 郵便局は右側にあります。向かいには薬屋があって、隣はコンビニエンスストアです。
A: ありがとうございました。
B: どういたしまして。

Chapter 8
Talking about Future Plans

Taika: I can't believe it's almost time for me to leave Japan and go back to Finland. Time has gone by so quickly!

Rika: I know. It feels as though you just got here! By the way, you're graduating this year, right? What are your plans after graduation?

Taika: I'll probably continue my studies at graduate school.

Ken: More school? I don't plan to continue my schooling! I definitely want to get a job after I graduate.

Taika: What kind of job?

Ken: I hope to be an illustrator or a computer game software designer.

Taika: How about you, Rika?

Rika: I'm not sure. I might take a year off and travel around the world.

Taika: You must come to visit me in Helsinki.

Rika: Definitely!

Ken: Before you leave, Taika, we'd like to have a farewell party for you on the weekend of July 20. That Saturday is a holiday — Marine Day.

Taika: That's so nice of you! I'll miss both of you. You've really made my stay in Japan so much better.

Rika: We'll miss you too, but let's plan to stay in touch.

タイカ： もうすぐフィンランドに帰らなきゃならないなんて、信じられない。あっと言う間だわ。

里香： そうね。まだ来たばかりみたいな気がするのに。ところで、今年卒業でしょ？ 卒業したらどうするの？

タイカ： たぶん大学院で勉強を続けると思う。

健： また学校に行くの？ 僕はまた学校に行くつもりはないよ！ 僕は卒業後は絶対仕事をしたい。

タイカ： どんな仕事？

健： イラストレーターかコンピューターゲームソフトのデザイナーになれたらいいなあ。

タイカ： 里香はどうするの？

里香： まだよくわからない。１年休んで世界中を旅行するかも！

タイカ： ヘルシンキに遊びに来てよ。

里香： 絶対行く！

健： タイカが帰る前に、７月２０日の週末にお別れパーティを開きたいと思ってるんだ。土曜日は海の日でお休みだから。

タイカ： ありがとう！ ２人に会えなくなると思うと淋しいわ。あなたたちのおかげでとても楽しい留学生活だった。

里香： 私たちも淋しくなるけど、連絡し合おうね。

USEFUL EXPRESSIONS

●未来について話すとき

I'm going to go to graduate school.	大学院に行くつもりです。
My brother will find a job.	兄は仕事を探すでしょう。
Emiko is planning to study abroad.	恵美子は留学する予定です。
They are thinking about going back to their hometown.	彼らは実家に帰ることを考えています。

●確信の程度を表現するとき

very sure ↑ certainty（確信） ↓ not sure

I will **definitely** visit you in Finland.	私はフィンランドで必ずあなたに会いに行きます。
My sister will **probably** work as a teacher.	妹はおそらく教師として働くでしょう。
Perhaps I will take a year off after I graduate.	私はたぶん卒業後1年休むでしょう。
They **might** go to Hawaii this summer.	彼らは今年の夏ハワイに行くかもしれません。
She's **not sure** about her plans next weekend.	彼女は次の週末の予定についてはっきりとはわからない。
He **doesn't know if** he can join us for the party.	彼はパーティに来られるかどうかわかりません。

●頻度を表現するとき

100% ↑ frequency（頻度） ↓ 0%

David **always** checks the weather report in the morning.	デービッドはいつも朝天気予報を見ます。
I **almost always** have bread for breakfast.	私はほとんど毎日朝食にパンを食べます。
My mother **usually** goes grocery shopping on Fridays.	母はたいてい金曜日に食料品の買い物に行きます。
He **often** catches a cold.	彼はよく風邪を引きます。
Ken **sometimes** forgets to do his homework.	健はときどき宿題をやり忘れます。
I **occasionally** visit my grandmother in Nagano.	私はときおり長野の祖母の所に行きます。
My brother **seldom** has dinner with us.	弟はめったに私たちと夕食を食べません。
It **hardly ever** / **rarely** snows in Tokyo in April.	東京では4月にはめったに雪は降りません。
My father **never** smokes in the living room.	父は居間では決して煙草を吸いません。

ONE POINT LESSON

しばらく会えないときには、次のような表現があります。

Let's keep in touch.	連絡を取り合いましょう。
I'll miss you.	寂しくなりますね。
I'll write to you.	手紙を書きます。
I'll email you.	メールを出します。

VOCABULARY AND EXERCISES

● Japanese Holidays　日本の祝日

New Year's Day	新年	Coming of Age Day	成人の日
National Foundation Day	建国記念日	Spring Equinox Day	春分の日
Marine Day	海の日	Constitution Day	憲法記念日
Children's Day	こどもの日	Nature Day / Green Day	みどりの日
Respect for the Aged Day	敬老の日	Autumn Equinox Day	秋分の日
Sports Day	体育の日	Culture Day	文化の日
Labor Thanksgiving Day	勤労感謝の日	Emperor's Birthday	天皇誕生日

● Selected Art and Art-related Careers (See also Chapter 3)　芸術に関する職業（Chapter 3 も参照のこと）

Category	Careers
Advertising 広告	Art Director　アート・ディレクター　　Copywriter　コピーライター Layout Artist　レイアウト・デザイナー　　Letterer　フォント・デザイナー
Architecture 建築	Architect　建築家 Landscape Architect　ランドスケープ・アーキテクト
Art Therapy アートセラピー	Art Therapist　アート・セラピスト
Fashion ファッション	Fashion Designer / Illustrator　ファッション・デザイナー／イラストレーター Fabric Designer　ファブリック・デザイナー Fashion Art Director　ファッション・アート・ディレクター
Film and Television 映画とテレビ	Art Director　アート・ディレクター　　Animator　アニメーション作家
Graphic Design グラフィックデザイン	Art Director　アート・ディレクター　　Letterer　フォント・デザイナー Graphic Designer　グラフィック・デザイナー
Illustration イラストレーション	Illustrator　イラストレーター　　Cartoonist　漫画家 Animator　アニメーション作家
Industrial Design 商業デザイン	Product Designer　プロダクト・デザイナー Package Designer　パッケージ・デザイナー Furniture Designer　家具デザイナー
Interior and Display Design インテリア／ディスプレイ・デザイン	Display Designer　ディスプレイ・デザイナー Interior Designer　インテリア・デザイナー
Museum 美術館／博物館	Curator　キュレーター（学芸員）
Photography 写真	Advertising Photographer　広告写真家 Fashion Photographer　ファッション写真家 News Photographer　報道写真家
Publication Design 出版デザイン	Book Designer　ブック・デザイナー　Book Jacket Designer　装丁家
Teaching 教育	Art Teacher　美術教師
Theater 演劇	Set Designer　舞台デザイナー　　Costume Designer　衣装デザイナー

● EXERCISE 1

Choose the best word to complete the sentence. 適切な語を入れて文を完成させましょう。

1. It rains almost every day in June. The sun _____ shines then.

    a. always   b. seldom   c. usually

2. I hate cigarette smoke. I _____ smoke.

    a. usually   b. sometimes   c. never

3. Lisa is always in a good mood. She is _____ sad.

    a. always   b. sometimes   c. hardly ever

4. Kei is a very hard-working student. He _____ goes to class.

    a. always   b. sometimes   c. seldom

5. Kenji always eats lunch at the school cafeteria. He _____ brings a lunch box from home.

    a. usually   b. seldom   c. never

6. My brother really dislikes vegetables. He _____ eats carrots.

    a. often   b. never   c. sometimes

7. Tadashi has very poor eyesight. He _____ wears his glasses.

    a. always   b. never   c. sometimes

8. Mari goes to the movies only once or twice a year. She _____ goes to the movies.

    a. always   b. often   c. hardly ever

● EXERCISE 2

Choose the best answer based on the conversation. 会話を読んで適切な答を選びましょう。

Takashi: Mei Ling, have you decided what you are going to do for summer vacation?

Mei Ling: Yes, I'm going home to Singapore for a month. In fact, I've already bought my plane ticket. How about you?

Takashi: Well, I'm thinking of working part-time this summer. I'd like to save some money. I'm thinking of either working at a convenience store or at a moving company. What do you think?

Mei Ling: The convenience store sounds much better! Working for a moving company sounds like very hard work!

Takashi: Maybe you're right.

1. Mei Ling [(a) will definitely (b) will probably (c) might possibly] go to Singapore this summer vacation.

2. Takashi [(a) will definitely (b) will probably (c) might possibly] work part-time at a convenience store this summer vacation.

Answer Key and Comments

Part One Sentence Patterns

p. 7 練習問題（パターン1）

A. (1) This book (sells) very well. この本はたいへんよく売れる。(2) He (drinks) like a fish. 彼は魚のように飲む（大酒を飲む）。(3) The river (flows) from north to south. その川は北から南へ流れている。(4) The earth (goes) round the sun. 地球は太陽の周りをまわる。

[解説]

(1)～(4)は全て「主語＋動詞」の文。選択する動詞も全て完全自動詞。各文のvery well, like a fish, from north to south, round the sunは動詞を修飾する修飾語句である。(1) sells very wellとてもよく売れる、They sell vegetables at the store.「その店では野菜を売っている」のsell「～を売る」は他動詞でパターン4の文。(2) この文は英語で「大酒を飲む」ことを like「～のように」と比喩的に表現したもの、日本語ならば「鯨飲（馬食）」となるところ。「馬食」にあたる「大食らい」の方は英語でも eat like a horse となり、英語と共通点がある。(3) flows 流れる　(4) goes round the sun 太陽の周りをまわる

B. (1) Children are playing in the garden. (2) A hundred young people gathered yesterday. (3) Some aged people don't speak much. (4) All the leaves of (or on) the tree fall in autumn. All the leaves fall from the tree in autumn.

[解説]

(1)～(4)は全て「主語＋動詞」の文となる。(1) 庭で in the garden　(2) 昨日 yesterday　(3) あまり much　(4) 秋に in autumn (or fall)、などは全て動詞を修飾する修飾語句である。(1) 遊ぶ play、遊んでいる are playing (現在進行形)　(2) 集まる gather / come or get) together、過去形の文であることに注意　(3) お年寄り old (or aged) people、～の中には some ～　(4) その木の葉 leaves of the tree、葉 leaf (単数)、leaves (複数)

p. 9 練習問題（パターン2）

A. (1) He (was) kind and gentle to me when I first met him. (2) The meal must (be) ready by now. (3) Short skirts (were) in fashion then.

[解説]

be動詞は主語の人称、数(単数か複数か)、時制(現在や過去など)、また助動詞を伴う場合などに応じていろいろと形が変わる。(1) 主語は三人称単数、文の時制は過去である。「私が初めて彼に会ったとき彼は親切でやさしかった。」(2) 助動詞mustを伴っているので、原形となる。「食事はもう今ごろまでには用意ができているにちがいない。」(3) then その当時、このことから過去のことであることがわかる。また、主語は複数である。「その当時短いスカートが流行していた。」

B. (1) 問題は何をなすべきかということです。(2) 実は彼は彼女を訪問したくなかったのです。(3) 困るのは私は火曜日までにはこの請求書の支払いをしなければならないということです。

[解説]

be動詞の後に、(1) は「疑問詞＋to-不定詞」、(2)(3) は that-節がくる文である。(1) what to do　何をなすべきかということ　(2) truth 真実、The truth (or The fact) is that …「実は…です」(3) bill 請求書

C. (1) He is a painter. (2) January is the first month of the year. (3) The trouble is that he doesn't have enough time. (4) The point is how to do it.

[解説]

動詞は全てbe動詞である。(1) 画家 painter (2) 一番目の月 the first month of the year (3)〜(という)こと that-節を用いる、十分な時間 enough time (4) それをどうやってするかということ how to do it

p. 11　練習問題（パターン3）

A. (1) She felt very (happy) to hear the news. (2) You look (pale). (3) She seems (young) for her age. (4) It is getting (dark). (5) The child remained (silent).

[解説]

不完全自動詞の後につづく形容詞である。意味から考えるとよい。(1) felt very happy とてもうれしく思った、to hear the news は修飾語句、その意味は「その知らせを聞いて」(2) look pale 顔色が悪く見える、この文に限れば look young でもよいのだが、次の (3) の文を考えれば pale となる。(3) seems young 若く見える、for her age は修飾語句で、その意味は「年齢の割には」(4) It は天候、季節、時間、状況などを表すときの主語となることがある。ふつう日本語には訳さない。is getting dark は現在進行形で、「暗くなりつつある」(5) remained silent 黙ったままでいた

B. (1) The cake tastes good (*or* sweet). (2) I felt cold. (3) He looked old. (4) It seemed very natural.

[解説]

各文とも動詞の後に続くのは、副詞ではなくて、形容詞であることに注意。(1) おいしい tastes good (*or* sweet) (2) 寒く感じた felt cold (3) 年とって見えた looked old (4) 自然に思われた seemed natural

p. 13　練習問題（パターン4）

A. (1) He broke my glasses. (2) Did you eat lunch? (3) He opened that door. (4) May I use this pen?

[解説]

各文とも先ず文頭に立つ主語を決める。ただし、(2)(4) のように疑問文であれば、その主語の前に助動詞が来る。次に「動詞＋(代)名詞」を探して、主語の後に置く。

B. (1) He believes me. (2) My mother often writes letters. (3) I used this desk in my childhood (*or* when I was a child). (4) He read the book in his high school days (*or* when he was a high school student).

[解説]

各文とも先ず主語を決めて、それから「動詞＋(代)名詞」を考えて、それを主語の後に続ける。(3) 子供の時 in my childhood、または when I was a child、どちらも修飾語句 (4) 高校時代に in his high school days、または when he was a high school student、これらも修飾語句。

p. 15　練習問題（パターン5）

A. (1) I (like) to read in bed, but I don't (like) to have meals in bed. (2) Don't be angry. You must (learn) to be more patient. (3) Don't (forget) to take off your hat when you enter the cathedral.

[解説]

各文とも動詞が目的語として to-不定詞をとる文である。(1)「私はベッドの中で本を読むのは好きだが、ベッドの中で食事をするのは嫌いだ。」(2) be more patient もっと忍耐強くなる、「怒らないで、あなたはもっと辛ぼうできるようにならなければいけません。」(3) Don't forget to take off your hat 帽子を脱ぐことを忘れるな。「大聖堂に入るときには帽子を脱ぐことを忘れるな。」

B. (1)(a)(b) は同じ意味の文である。斜体字の部分は decided「決心した」の目的語として機能している。そしてその目的語として、(a) は to-不定詞をとり、(b) は that-節をとる。文の意味はともに「彼女は

ノーと言おうと決心した。」 (2) においても (a)(b) は同じ意味の文である。それぞれ斜体字の部分は pretended「ふりをした」の目的語として機能している。そしてその目的語として、(a) の場合は否定の形の to-不定詞を、(b) は節の中が否定の文になっている that-節をとる文である。文の意味は「彼女は私を知らないふりをした。」

[解説]

p.14を参照。なお、to-不定詞を not で否定するときは not を to-不定詞の前に付ける。She pretended to know me. (She pretended that she knew me.)／She pretended not to know me. (She pretended that she didn't know me.)

C. (1)He decided to join(*or* take part)in a picnic tomorrow. (2)She wanted to be a graphic designer.

[解説]

(1) 決めた decided、参加する join in, take part in, participate in (2) 欲した wanted、なる be、グラフィック・デザイナー a graphic designer

p. 17 練習問題（パターン6）

A. (1) You should stop (studying) now; it's time for dinner. (2) I plan (to study) everything again after I finish this course. (3) Can you finish (studying) before our guests arrive? (4) Did you enjoy (studying) English while you were staying in the U.S.A.?

[解説]

動詞が目的語として to-不定詞をとるか、〜ing をとるかの問題である。stop, finish, enjoy は〜ing をとる。plan はここでは intend「〜するつもり」の意味で、to-不定詞をとる。各文の意味は、(1) もう勉強をやめたほうがよい、夕食の時間ですから。(2) 私はこのコースを終えたら、もう一度全部勉強するつもりです。(3) お客様が到着するまでに、あなたは勉強を終えることが出来ますか。(4) アメリカ合衆国 (U.S.A.) に滞在中に、あなたは英語の勉強を楽しみましたか。

B. (1) The children enjoyed swimming (*or* bathing) in the sea. (2) It stopped raining in the afternoon. (3) After dinner he began to play (*or* playing) the piano. (4) I like to read (*or* reading)books when I am free. (5) Do (*or* Would) you mind helping me?

[解説]

動詞が目的語として、to-不定詞をとるのか、〜ing をとるのかに注意。enjoy, stop, mind は目的語として〜ing をとって、enjoy swimming, stop raining, mind helping となる。begin, like は目的語として to-不定詞、〜ing の両方をとることが出来て、begin to play, begin playing, like to read, like reading が可能である。(1) 海水浴をする swim (*or* bathe) in the sea (2) 天候、時間などを表す it を主語にする。(2) 夕食後 after dinner、ピアノを弾く play the piano (4) 余暇に when I am free、または in my free time (5) mind は疑問文、否定文では「〜するのをいやだ(困る)と思う」の意味。Would you mind shutting the door?「ドアを閉めていただけませんか (ドアを閉めていただくのはかまいませんか)。」Do you mind〜?より Would you mind〜?のほうが丁寧な言い方。

p. 19 練習問題（パターン7）

A. (1) I believe (that he will win). (2) We decided (that we would postpone the meeting). (3) Please imagine (that you are flying) in the sky.

[解説]

( ) 内は目的語として機能している that-節である。そして文の構造をみると、that-節の中にも「主語＋動詞…」形があることに注意。各文は文の一部である that-節の中に更にもう一つの文をもつ構

造になっている。

B. (1) I cannot believe that he will come to the party. (2) Do you know that he helped me? (3) I cannot imagine that you will go to America. (*or* I cannot imagine that you are going to America.) (4) I explained that I was writing a book.

[解説]

パターン7は「主語＋動詞＋that-節」の文である。段階を踏んでやってみるとよい。先ず「主語＋動詞」の部分を作る。この部分は日本文では主に後半部にあたる。(1) I cannot believe ～　(2) Do you know ～　(3) I cannot imagine ～　(4) I explained ～、となる。次にthat-節を考える。日本文ではこの部分はだいたい前半部になっている。(1) that he will come to the party　(2) that he helped me　(3) that you will go to America　(4) that I was writing a book、となる。そしてそれをつなぎ合わせれば完成である。日本語と英語の語順の違いに注意。

p. 21　練習問題（パターン8）

A. (1) I wonder if (*or* whether) he likes Chinese food. (2) I wonder where she is now. (3) I wonder why he was late.

[解説]

与えられた疑問文を間接疑問に直して、それをI wonder ... の後に続ければよい。(1) は疑問詞のない疑問文なので、間接疑問はif-節またはwhether-節になる。間接疑問の中の語順に注意。

B. (1)会合がいつ始まるか知っていますか。(2) この語がどういう意味か説明してくれますか。(3) 彼がこれにどう反応するか間もなくわかるでしょう。

[解説]

各文のwh-節は間接疑問である。それぞれ動詞 (1) know　(2) explain　(3) see、の目的語として機能している。(2) Can you ～?は「～してくれますか」という依頼の文。

C. (1) I wonder what he is doing now. (2) I don't know where he is now. (3) I wonder how long the Shinkansen ride (*or* trip) from Tokyo to Hakata is.

[解説]

型どおりにパターン8の文で答えるとすれば、上記のような解答となる。(1)(3) は I wonder ... の文にしないで、(1) What is he doing now ?　(3) How long is the Shinkansen ride from Tokyo to Hakata ?も可。(3) 新幹線 the Shinkansen、How long is ... ?の代わりに How long does it take from Tokyo to Hakata by Shinkansen? も可。

p. 23　練習問題（パターン9）

A. (1) He can't decide what to do. (2) They don't know how to make the box. (3) I don't know where to eat dinner. (4) I wonder whether to write or call.

[解説]

各文はパターン9の文で、動詞の後に「疑問詞＋to-不定詞」がくる。(1)～(3) それぞれ動詞が二つあり、(4) には三つの動詞がある。どれが文の動詞で、どれがto-不定詞の原形かを考えて、文の意味を判断する。(4) write手紙を書く、call電話する。whether to call or writeも可。各文の意味は、(1) 彼は何をすべきか決めることができない。(2) 彼らはその箱の作り方を知らない。(3) 私はどこで夕食をとったらよいかわからない。(4) 手紙を書くべきなのか、それとも電話をすべきなのか、どちらがよいのかしら。

B. (1) She didn't know when to leave home. (2) I learned how to handle (*or* use) a computer. (3) He didn't know (*or* understand) how to start the machine. (4) I wonder what to do next Sunday.

[解説]

パターン9の文であるから、先ず「主語＋動詞」を決めて、次に「疑問詞＋to-不定詞」を考えて、文を完成させればよい。(1)家を出る leave home、何時〜すべきか when＋to-不定詞 (2)（道具、機械などを）使う handle, use、〜の仕方「how＋to-不定詞」(3) 始動する start (4)〜かしら I wonder ...、何をすべきか what to do。パターン9の文はパターン8の文に書き換えることができる。つまり「疑問詞＋to-不定詞」はwh-節に書き換えることができる。参考までにwh-節に書き換えたものを示しておく。(1) when I would (*or* should) leave home (2) how I could handle a computer (3) how he could start the machine (4) what I will (*or* should) do next Sunday

p.25　練習問題（パターン10）

A. (1) May I (ask you some questions)? (2) My mother (bought me this sweater). (3) He (gave me a bicycle) for my birthday.

[解説]

動詞の後に「間接目的語＋直接目的語」がくるパターン10の文の問題である。ふつう間接目的語は人を、直接目的語は物を表す語である。従って、ここでは「動詞＋人＋物」の語順に配列すればよい。

B. (1) My uncle bought me this fountain pen. (2) Give your younger sister the toy. (3) Excuse me, (but) please pass me the eraser. (4) I'll teach you Chinese.

[解説]

(1) 万年筆 a fountain pen (2) 玩具 a toy (3) すみません Excuse me、消しゴム an eraser, a rubber, an India rubber (4) 中国語 Chinese, パターン10の文はパターン4の文に書き換えることができるので、参考までにその書き換えを示しておく。もちろん、これらの書き換えの文は答として可。(1) My uncle bought this fountain pen for me. (2) Give the toy to your younger sister. (3) Excuse me, (but) please pass the eraser to me. (4) I'll teach Chinese to you.

p.27　練習問題（パターン11）

A. (1) 駅はどこにあるか教えていただけませんか。(2) 彼は私になぜ遅刻をしたか尋ねた。(3) 彼はどのようにしてそれをしたか私に教えてくれた。

[解説]

(1)〜(3)はすべて動詞の後にwh-節をとっている例で、それぞれ (1) tell me where 〜 (2) asked me why 〜 (3) showed me how 〜 の文である。(1) は Would you 〜?の文になっていることに注意。これは人にものを頼んだり、勧誘したりするときの丁寧な表現である。一口メモを参照。

B. (1) She said to me, "Could (*or* Can) I use your pen?" (2) He said to her, "Are you happy?"

[解説]

(1) も (2) も if, whether を使った文なので、直接話法の文にすると疑問詞のない文になることに注意。ask をそのまま使って、直接話法に換えることもできるが、その場合には、「主語＋ask」は通例 "…" の後に置かれる。ただし、ふつうは、動詞は say to 〜 の言い方になる。直接話法に換える場合には時制と、人称にも気を配る必要がある。(1) if she could use my pen について、直接話法では "Could I 〜?" も "Can I 〜?" もどちらも可能になる。その違いは丁寧さの度合いの差である。また、my は your になることに注意。(2) she は you になり、was は are になる。

C. (1) She asked me if (*or* whether) Mr. Smith was at home. (2) Could you tell me where and what he is doing now? (3) Could you tell me where the Tate Gallery is? (4) He asked me what she was doing in New York.

[解説]

(1)「彼女は私に…かと尋ねた」の部分は、She asked me となり、疑問詞がないので if, whether を用いる。在宅して be at home (2) 教えてください Could you tell me ~? どこで何を where and what、この様な場合には疑問詞が続くことに注意。(3) Could you tell me ~? は(2)と同じ。Could (or Can) you show me ~? を用いることも可能であるが、show にはそこまで案内して欲しいという意味があるので、初対面の人には使わない方がよい。(4) He asked me の後が、what she was doing となることに注意。このパターンの文は if-節、wh-節の中の語順に特に注意を要する。

p. 29　練習問題（パターン12）

A. (1) My mother advised (me that I should eat vegetables). (1) I will show (you that it is difficult). (3) He taught (us that peace is important).

[解説]

(1)～(3)について、advised, show, taught の後には人を表す間接目的語がくるので、それを（　）の中の単語から選び、続いて that を選ぶと、後は残りの語句を並べればよい。that-節の中の語順は平叙文の語順である。

B. (1) My mother taught me that reading is important. (2) My elder (or older) brother advised me that I should go at once. (3) He told me that he liked tennis. (4) I must (or have to) telephone my friend that we will have a test tomorrow.

[解説]

(1) 私の母は私に～を教えた My mother taught me that ~ をまず考える。taught は過去形であるが、「読書は重要である」という文は真理であるから、時制の一致の法則に従わないので、is は is のままであることに注意。(2) My elder brother advised me that ~ の部分を考える。advised という動詞は that-節の中に should を用いるのがふつうで、should は現在形、過去形の違いがないので、原形のままである。すぐに at once (3) He told me that ~ を考える。told が過去形なので、like も過去形 liked になる。これがふつうの時制の一致である。(4) I must telephone (or phone) my friend that ~ の後に続く文を考えればよい。must は現在形なので、時制の一致は関係がないが、明日のことなので、will が用いられる。

p. 31　練習問題（パターン13）

A. (1) Can you (tell me where to sit)? (2) He (asked me how to use) this tape recorder. (3) I (asked my mother when to cook supper). (4) She (showed me what to write on) the paper.

[解説]

(1) Can you の次に、動詞 tell, sit のどちらがくるかを考え、そして残りの単語を並べるとよい。(2) He に続く語句としては、asked me を選ぶ。(3) asked my mother を選び、残りの語順を考える。(4) showed me を選ぶ。残りは what to write がひとまとまりで、on the paper へと続いていくことに注意。それぞれの文の意味は (1) どこに座ったらいいか教えていただけますか。(2) 彼はこのテープレコーダーの使い方を私に尋ねた。(3) 私は母にいつ夕食を作ったらよいのか尋ねた。(4) 彼女は私にその紙の上に何を書いたらいいか教えてくれた。

B. (1) Please teach me how to read English. (2) My mother told me how to get to the department store. (3) He asked me what to do. (4) She showed children how to bake cookies.

[解説]

(1) 教えてください Please teach me、英語の読み方 how to read English、を考えればよい。(2)「教える」

という意味の単語はどれを使ったらよいか迷うが、ここでは、teach, tell どちらでもよいが、show を使うと、「そこまで案内する」の意味になるので、文意による。行き方 how to get to～ (3) He asked me ～をまず考えることが大切。(4) 示した showed 、クッキーの焼き方 how to bake cookies

p.33 練習問題（パターン14）

A. (1)(a) 私は彼は正直だと信じている。(b) 私は彼が正直だということがわかった。(2)(a) 彼は自分の靴を汚した。(b) 彼は自分の靴を汚れたままにしておいた。(3)(a) 彼はその試験をむずかしくした。(b) 彼はその試験をむずかしいと思った。

[解説]

(1)～(3)まで、(a)、(b)の違いは動詞の違いだけである。そのことに留意して、訳してみるとよい。

B. (1) He left the book open. (2) I found the shirt very nice. (3) She made the room warm.

[解説]

動詞を過去形にする。動詞の後が「目的語＋形容詞」になることに注意。

p.35 練習問題（パターン15）

A. (1) 人々が餓死するのを彼らのために何かをしようとしないで見てはいられない。もう少しわかりやすく訳すと、「人が餓死するのを見れば、どうしてもその人々のために何かをしようとするものです。」(2) 火が消えないようにしなさい。(3) 何かが私の腕をはい上がるのを感じた。(4) 私は子供たちを一日中ずっと家にいるようにさせた。

[解説]

(1) 文章は starve (餓死する) までが一区切りで、後半の without trying to do ～があるために、文章は複雑になっている。without trying to do ～しようとしないで、の意味をふまえて訳す。can't...without doing ～「…すれば必ず～する」 (2) go out 消える (3) crawl up はい上がる (4) stay indoors 家の中にずっといる、all day 一日中

B. (1) He saw her go into the building. (2) You should make your child behave well. (3) My mother won't let me go to the party. (4) I heard someone go out downstairs.

[解説]

(1) 入る go into (2) 行儀よくする behave well または be good、方がよい should (3) どうしても～させてくれない won't let、これは強い意志を示す。(4) 階下で downstairs、出ていく go out

p.37 練習問題（パターン16）

A. (1) He asked me to explain. (2) She wanted her son to finish his homework. (3) They did not allow us to enter the shop with our dog. (4) My father told them not to do such things.

[解説]

(1) 間接話法にすると、「彼は私に説明してくれと頼んだ」という意味の文になり、ask を用いる。(2) 間接話法で示すと、「彼女は息子に宿題を終えて欲しかった」という意味の文になり、直接話法の中の your は his に変わることに注意。(3) 間接話法で示すと、「彼らは私たちに犬といっしょに店にはいることを許さなかった」という意味の文になり、直接話法の中の your は our に変わる。(4) これはよく用いられる直接話法から間接話法への書き換えの問題である。「～しないように」は not to do ～

B. (1) I asked him to help me with my homework. (2) All parents expect their children to succeed. (3) He taught the girls to play the piano. (4) I want you to pass the entrance examination for Musashino Art University.

[解説]

(1) 頼む ask、…の〜を手伝う help...with 〜　(2) 親 parent、期待する expect、成功する succeed　(3) 教えるteach、ピアノを弾く play the piano、the piano となることに注意 (4) してもらいたい want、合格する pass、入学試験 the entrance examination、問題文には試験という単語はないが、pass an examination, get through the test のように試験という名詞を必要とすることに注意。ただし、pass を使わないで、I want you to get into Musashino Art University. と言うことも可能。

p.39　練習問題（パターン17）

A. (1) I (left the water running). (2) He (found her hiding) in the closet. (3) Can you (smell anything burning)?

[解説]

それぞれ、(1) I left (2) He found (3) Can you smell の結びつきを把握すること。また、それぞれの文の意味は (1) 私は水を出しっぱなしにした。(2) 彼は彼女が押入に隠れているのに気が付いた。(3) 何かが燃えている匂いがしませんか。

B. (1) I could feel myself (falling) asleep. (2) I found her (buying) some cakes when I was walking along the street yesterday. (3) We heard the bell (ringing) at the church this morning.

[解説]

それぞれの文の意味は (1) 私は自分が眠り込むのがわかった。(2) 昨日私が通りを歩いていたとき、彼女がケーキを買っているのを見かけた。(3) 今朝私は教会で鐘が鳴っているのを聞いた。

C. (1) I found a little child wandering in the woods. (2) I heard a dog barking at night. (3) Can you see children playing baseball in the park? (4) I felt the cellphone vibrating in my pocket.

[解説]

(1) さまよう wander、森 woods (2) 吠える bark (3) 見えますか Can you see 〜?　(4) 携帯電話 a cellphone、自分の携帯電話なので、英文の中では the cellphone となる。振動する vibrate、ポケット pocket

p.41　練習問題（パターン18）

A. (1) I must get my hair (cut) before I start. 私は出発する前に髪を切ってもらわなければならない。(2) He had his house (burned / burnt) down in the fire. 彼は自分の家を火事で全焼させてしまった。(3) I couldn't make myself (understood) in English. 私の英語は通じなかった。(4) I saw him (hit) in the eye. 私は彼が目のところを打たれるのを見た。

[解説]

(1) cut の過去分詞は cut　(2) burn の過去分詞は burned または burnt、burn down 全焼する、the fire 火事　(3) understand の過去分詞は understood、make myself understood in English この表現は英語独特の言い方で、英語で自分が言っていることを理解してもらう、の意味 (4) hit の過去分詞は hit、in the eye 目を、殴った場所を示している。

B. (1) Where did you have your wallet stolen? (2) Keep your eyes closed for a moment. (3) I couldn't get the car started this morning./ I couldn't start my car this morning.

[解説]

(1) 財布 wallet、盗まれる stolen、(2) 閉じる closed、ちょっとの間 for a moment、(3) このパターンを用いて表すと、get the car started となる。パターン18を用いない表現も例示したので、参考にしてください。

p. 43　練習問題（パターン19）

A. (1) 急ぐのは無駄のもと。《せいては事を仕損ずる》パターン4　(2) 勉強ばかりで遊ばないと子供は馬鹿になる。《よく学びよく遊べ》パターン19　(3) 愛が世界を動かす。《世の中は、みんながお互いに思いやりをもって暮らせばうまくいく》パターン15　(4) 死ぬ前に幸せな人などと言うな。《生前幸せかどうかは死んでからわかる》パターン14　(5) 鋤は鋤と呼べ。《歯に衣着せずにものを言いなさい》パターン19　(6) 馬を水の所まで連れて行けても水を飲ませることはできない。《自分でする気のない人に対して、はたからはどうすることもできないものだ》パターン4とパターン15

［解説］

この問題はいままでの復習のための問題である。動詞の後にどのような語が用いられているかを見る。

B. (1) They elected Mr. Sato president of their company.　(2) He made Hiroko his wife.　(3) They named the child Hanako.　(4) We all considered him a hero.

［解説］

動詞が決まると、後は「主語＋動詞＋(代)名詞＋名詞」の語順になるように考えるだけである。

(1) 社長 president　(2) 妻 wife　(4) 英雄 hero

Part Two Conversation Practice

Chapter 1

Exercise 1 (p. 49)

Name	Major	Year in University
Taika	Imaging Arts and Sciences	Junior
Ken	Oil Painting	Senior
Rika	Oil Painting	Junior

Exercise 2 (p. 49)

Mei Ling: Nice to meet you. I'm Mei Ling.

You: Nice <u>to meet you, too</u>. My name is <u>(your name)</u>.
          <u>Are you</u> from China?

Mei Ling: No. Actually, I'm Singaporean. How about you?

You: I'm from <u>(your country)</u>. <u>Are you</u> a junior?

Mei Ling: No, I'm not. I'm a sophomore. By the way, what are you majoring in?

You: <u>(your major)</u>.

Mei Ling: Oh really? Me too! Well, I have to go to class now. It was nice meeting you.

You: It was nice meeting you, <u>too</u>. <u>See you later</u>.

Chapter 2

Exercise 1 (p. 52)

1. F   2. F   3. T   4. F   5. T

Exercise 2 (p. 53)

1. grandfather   2. grandmother   3. mother   4. aunt   5. uncle   6. sister   7. cousins
8. nephew   9. niece   10. grandchildren   11. sister-in-law   12. daughter-in-law

Exercise 3 (p. 53)

The man is about 180cm tall. He is slim. He has a mustache and a beard. He is bald. He wears glasses.

Chapter 3

Exercise 1 (p. 57)

1. F   2. F   3. T   4. F   5. T

Exercise 2 (p. 57)

(a) sculptor   (b) designs   (c) exhibitions   (d) The Museum of Modern Art

Chapter 4

Exercise 1 (p. 60)

1. T   2. F   3. F   4. F   5. T

Exercise 2 (p. 61)

Family name: Yamada   **Address in USA** : Best Quality Hotel   **Length of stay**: 10 days

Occupation: Student   **Port of Disembarkation**: New York City   **Purpose of Visit**: Sightseeing

Chapter 5

Exercise 1 (p. 64)

1. F   2. T   3. F   4. F   5. T

Exercise 2 (p. 65)

(a) Can we have a table for two, please?

(b) Non-smoking, please. And can we have a seat by the window?

(c) Could we have two cokes, please?

(d) I'll have the Caesar salad and the spaghetti with meat sauce, and she'll have the shrimp cocktail and the fish.

(e) Yes, please. We'd like to share the apple pie, and I'd like some coffee, please.

(f) Just sugar, please.

Chapter 6

Exercise 1 (p. 68)

1. F   2. F   3. T   4. F   5. T

Exercise 2 (p. 69)

| (a) problem | (b) fever | (c) feel | (d) temperature | (e) symptoms |
| (f) have | (g) hurts | (h) medicine | (i) pharmacy | |

Exercise 3 (p. 69)

1. D   2. A   3. E   4. B   5. C

Chapter 7

Exercise 1 (p. 72)

1. F   2. T   3. T   4. F   5. F

Exercise 2 (p. 73)

a. coffee shop   b. convenience store   c. Chinese restaurant   d. Taika's apartment building

Exercise 3 (p. 73)

| (a) First | (b) three | (c) Next | (d) left |
| (e) one | (f) right | (g) across from | (h) next to |

Chapter 8

Exercise 1 (p. 77)

1. b   2. c   3. c   4. a   5. c   6. b   7. a   8. c

Exercise 2 (p. 77)

1. (a)   2. (b)

List of Verbs
―日常会話頻出動詞―

Pattern 1

「主語＋動詞」

以下の†は自動詞の用法のみで、目的語としての（代）名詞をとる他動詞的用法はない。

†ache, add, advise, †agree, allow, announce, annoy, answer,
†apologize, arrange, †arrive, ask, associate, attend,
†babysit, bake, bark, bat, beat, beg, begin, believe, †belong, bend,
†birdwatch, board, boil, borrow, bother, bow, box, break, breathe, broadcast, brush, build, buy,
call, calm, camp, cancel, care, carry, carve, catch, celebrate, change, charge, chase, chat, check, cheer, choose, circle, clap, clean, clear, climb, close, collect, collide, comb,
†come, communicate, consider, continue, cook, copy, cost, count, cover, cross, crumble, cry, cut,
†cycle,
dance, date, decide, declare, delay,
†depend, desert, deserve, design, determine, die, direct, †disagree, do, doze, draw, dream, dress, drink, drive, drop, dry, dump,
eat, empty, end, enter, entertain, exercise, expand, expect, explain,
fail, fall, feed, feel, fight, fill, find, finish, fish, fit, fix, flip, †flock, flow, fly, follow, forget, form,
gargle, gather, get, give, †go, graduate, grow, guess, guide,
hail, handle, hang, †happen, hear, help, hide, hit, †hitchhike, hold, hope, hunt, hurry,
imagine, import, increase, insist, intend, interrupt, invite, iron,
†jog, join, jump,
keep, kick, kid, kill, knit, know, land, last, laugh, learn, leave, lend, let, lie, lift, like, line, link, list,
†listen, litter, live, lock, look, lose, love,
†major, make, mark, marry, match,
†matter, mean, measure, meet, melt, mind, miss, misunderstand, mix, move, mow,
need,
object, †occur, offer, open, operate, order, oversleep,
pack, paint, park, pass, pay, pick,
†picnic, plan, play, please, point, pour, practice, pray, prepare, present, preserve, press, pretend, prevent, print, promise, pronounce, pull, punish, push, put,
†quarrel, queue, quit,
rain, reach, read, realize, receive, recover, reduce, refer, rehearse, relate, relax, †rely, remember, rent, repair, repeat, reply, respond, rest, return, review, ride, rise, roam, roll, rub, run,
satisfy, save, say, scare, scold, see, sell, send, separate, serve, set, sew, shake, share, shed, shop, shout, show, sing, sit, ski, sleep, slice, slip, smell, smile, smoke, †snack, †sneeze, snow, sound, speak, specialize, spell, spend, spill, spoil, spread, spy, stand, start, starve, stay, stick, stop, strike, stroll, study, suffer, †surf, survive, sweep, swim, switch,
take, talk, taste, teach, tease, telephone, tell, think, thrill, throw, tie, touch, train, transfer, travel, treat, try, tumble, turn,
understand, unite, upset, use,
vacuum, view, visit, volunteer, vote,
wait, wake, walk, want, warm, wash, waste, watch, water, wave, wear, weave, weigh, whisper, whistle, will, win, wish, wonder, work, worry, wrap, wrestle, write,
yawn

Pattern 2

「主語＋be動詞＋（代）名詞／形容詞など」

be

Pattern 3

「主語＋動詞＋名詞／形容詞」

become, boil,
come, continue,
die, drop,
fall, feel, finish, fly,
get, go, grow,
hold,
keep,
look,
play, promise,
remain, run,
seem, show, sit, smell, sound, stand, stay, strike,
taste, turn,
wash, weigh

Pattern 4

「主語＋動詞＋（代）名詞」

以下の＊は他動詞の用法のみで、目的語としての（代）名詞を必ずともなう。自動詞的用法はない。

add, advise, announce, *annoy, answer, *appreciate, arrange, ask, associate, attend, *attract, bake, bark, *base, bat, beat, become, beg, begin, believe, bend, *bless, board, boil, borrow, bother, bow, box, break, breathe, *bring, broadcast, brush, build, buy, call, calm, can, cancel, carry, carve,

*cash, catch, *cause, celebrate, *challenge, change, charge, *charter, chase, check, cheer, choose, circle, clap, clean, clear, climb, close, collect, collide, comb, *commit, communicate, *complete, *confirm, *confuse, consider, continue, cook, copy, cost, count, cover, cross, crumble, cry, cut,
dance, date, decide, *deck, declare, *decorate, delay, desert, deserve, design, *designate, *destroy, determine, direct, *disappoint, *discourage, *discuss, *display, do, draw, dream, dress, drink, drive, drop, dry, dump,
*earn, eat, *embarrass, empty, *encourage, end, *enjoy, *enrich, enter, entertain, *entitle, *envy, *erase, *excite, *excuse, exercise, expand, expect, *experience, explain, *express,
fail, *fascinate, feed, feel, fight, fill, find, finish, fish, fit, fix, flip, fly, follow, forget, frighten,
gargle, gather, *generate, get, *giftwrap, give, graduate, *greet, grow, guess, guide,
hail, *hand, *handicap, handle, hang, *hate, *have, hear, help, hide, hit, hitchhike, hold, hunt, hurry,
imagine, import, *impress, *include, increase, *interest, interrupt, *introduce, invite, *involve, iron, italicize,
jog, join, jump,
keep, kick, kid, kill, knit, know,
land, last, laugh, learn, leave, lend, lie, lift, like, *limit, line, link, list, litter, live, lock, look, lose, love,
*mail, make, mark, marry, *master, match, mean, measure, meet, melt, *memorize, *mention, mind, miss, misunderstand, mix, move, mow, *name, need,
offer, *okay, open, operate, order,

oversleep,
pack, paint, *pardon, park, pass, pay, *perfect, pick, plan, play, please, point, *pollute, pour, practice, *praise, pray, *prefer, *prejudice, prepare, present, preserve, press, pretend, prevent, print, promise, pronounce, *protect, pull, punish, push, put,
queue, quit,
rain, *raise, reach, read, realize, receive, reclaim, *recommend, recover, *recycle, reduce, refer, rehearse, relate, relax, remember, rent, repair, repeat, reply, *request, *reserve, *respect, rest, return, *reuse, review, ride, rise, roam, roll, rub, run, satisfy, save, say, scare, scold, see, sell, send, separate, serve, set, sew, shake, *shampoo, share, shed, shop, shout, show, sing, sit, ski, sleep, slice, slip, smell, smile, smoke, snow, *solve, sound, speak, specialize, spell, spend, spill, spoil, *sprain, spread, spy, stand, start, starve, stay, stick, stop, strike, stroll, study, suffer, *suggest, *support, *suppose, surf, *surprise, survive, sweep, swim, switch,
take, talk, *tape, taste, teach, tease, telephone, tell, *thank, think, thrill, throw, *tidy, tie, touch, train, transfer, travel, treat, troll, try, tumble, turn,
understand, unite, upset, use,
vacuum, *video, *videotape, view, visit, volunteer, vote,
wait, wake, walk, want, warm, wash, waste, watch, water, wave, wear, weave, weigh, *welcome, whisper, whistle, will, win, wish, work, worry, wrap, wrestle, write,
yawn

Pattern 5
「主語＋動詞＋to-不定詞」

agree, arrange, ask,
begin, bother,
care, choose, continue,
decide, deserve, determine, expect,
fail, forget,
grow,
hate, have, hope,
intend,
learn, like, love,
mean, need, offer,
plan, prefer, pretend, promise, remember,
stand, start,
try,
volunteer, vote,
want, wish

Pattern 6
「主語＋動詞＋~ing」

begin,
consider, continue,
delay, deserve,
enjoy,
finish, forget,
hate, help,
imagine,
like, love,
mention, mind,
need,
practice, prefer, prevent,
quit,
recommend, remember,
save, stand, start, stop, suggest,
try,
want

Pattern 7
「主語＋動詞＋that-節」

add, agree, announce, answer, appreciate, arrange, ask,
beg, believe,
confirm, consider, complain,
decide, declare, determine, direct,

dream,
expect, explain,
feel, find, forget,
gather, guess,
hate, hear, hold, hope,
imagine, insist, intend,
know,
learn,
mean, mention, mind,
object, order,
pray, prefer, pretend, promise,
pronounce,
read, realize, recommend, remember,
repeat, reply, request, respond,
say, see, show, stand, suggest,
suppose,
take, teach, tell, think,
understand,
wish, wonder, worry, write

Pattern 8
「主語＋動詞＋wh-節／if-節／whether-節」
advise, appreciate, ask,
believe,
care, choose, consider,
decide, determine, discuss,
explain, express,
feel, find, forget,
guess,
hear,
know,
learn,
mind,
read, realize, remember,
say, see, show, suggest,
teach, tell, think,
understand,
watch, wonder

Pattern 9
「主語＋動詞＋疑問詞＋to-不定詞」
advise, ask,
choose, consider,
decide, determine, discuss,
explain,
forget,

guess,
imagine,
know,
learn,
read, remember,
say, see, suggest,
tell, think,
understand,
wonder

Pattern 10
「主語＋動詞＋(代)名詞＋名詞」
ask,
bring, build, buy,
call, cause, choose, cook, cost, cut,
do, drop,
earn, envy,
feed, find, fix,
get, give,
hand,
leave, lend,
mail, make, mix,
offer, order,
pack, pass, pay, pick, play, pour,
prepare, present, promise,
read, recommend, return,
save, sell, send, serve, set, show,
sing,
teach, tell, throw,
wish, write

Pattern 11
「主語＋動詞＋(代)名詞＋wh-節／if-節／whether-節」
advise, ask,
show,
teach, tell

Pattern 12
「主語＋動詞＋(代)名詞＋that-節」
advise,
promise,
satisfy, show,
phone,
teach, telephone, tell,
warn, write

Pattern 13
「主語＋動詞＋(代)名詞＋疑問詞＋to-不定詞」
advise, ask,
remind,
show,
teach, tell

Pattern 14
「主語＋動詞＋(代)名詞＋形容詞」
beat, believe,
call, consider, count, cut,
declare, drive,
feel, find,
get,
hold,
keep,
leave,
make,
paint, prefer, pronounce, pull, push,
put,
send, set, shake, strike, suppose
take, think, turn,
wash, wipe

Pattern 15
「主語＋動詞＋(代)名詞＋動詞の原形」
feel,
have, hear, help,
let,
make,
see,
watch

Pattern 16
「主語＋動詞＋(代)名詞＋to-不定詞」
advise, allow, ask,
beg,
cause, challenge,
direct, drive,
encourage, entitle, expect,
get,
help,
imagine, intend, invite,
know,
leave, like,
mean,

91

need,
order,
prefer, prepare, promise, pronounce,
recommend, remind, request,
teach, tell, think, train,
understand,
want

Pattern 17
「主語＋動詞＋(代)名詞＋ ~ing」
catch,
feel, find,
hate, hear,
imagine,
keep,

leave, like,
mind,
prevent,
see, send, smell,
watch

Pattern 18
「主語＋動詞＋(代)名詞＋過去分詞」
feel,
get,
have, hear,
keep,
leave, like,
make,
need,

prefer,
see,
want, wish

Pattern 19
「主語＋動詞＋(代)名詞＋名詞」
call, choose, consider, count,
declare,
elect,
feel, find,
make,
name,
pronounce,
think,
vote

著者略歴

高市美千佳（たかいち・みちか）
武蔵野美術大学教授
愛媛県生まれ　東北大学大学院修士課程修了
英語学、英語教育（TEFL）

高藤武允（たかとう・たけすけ）
武蔵野美術大学教授
東京都生まれ　京都大学卒業
英文学

野口克洋（のぐち・かつひろ）
武蔵野美術大学教授
福岡県生まれ　国際基督教大学大学院前期博士課程修了
応用言語学、英語教育

花光里香（はなみつ・りか）
武蔵野美術大学助教授
東京都生まれ　早稲田大学大学院博士後期課程退学（学術博士）
応用言語学、異文化コミュニケーション

Paul Kandasamy（ポール・カンダサミ）
武蔵野美術大学助教授
シンガポール生まれ　ハワイ大学大学院修了
英語教育

CD録音
花光里香
ポール・カンダサミ
神谷美沙子

イラストレーション
島　初季

データ処理
今井寛人

A New Approach to English Communication

2003年4月1日　初版第1刷発行

編者／武蔵野美術大学外国語研究室

著者／高市美千佳＋高藤武允＋野口克洋＋
　　　花光里香＋ポール・カンダサミ

編集・制作／株式会社武蔵野美術大学出版局

表紙デザイン／山口デザイン事務所

発行所／株式会社武蔵野美術大学出版局
180-8566　東京都武蔵野市吉祥寺東町3-3-7
電話　0422-23-0810

印刷・製本／凸版印刷株式会社

落丁・乱丁本はお取り替えいたします。

©Takaichi Michika, Takato Takesuke,
　Noguchi Katsuhiro, Hanamitsu Rika,
　Paul Kandasamy 2003

ISBN4-901631-02-0 C3085